cuisine familiale vite prête

cuisine familiale vite prête

marabout

Publié pour la première fois en Grande-Bretagne
en 2009, sous le titre *200 fast family favourites*.

Crédits photos © Octopus Publishing Group Ltd/Will Heap, sauf les photos suivantes : Stephen Conroy p. 12, 13, 43, 47, 51, 144, 221, 235 ; David Jordan p. 53 ; William Lingwood p. 29, 39, 119, 131, 167, 185, 205, 209, 227 ; David Loftus p. 65 ; David Munns p. 108 ; Peter Myers p. 37 ; Sean Myers p. 115, 135, 159, 175 ; Lis Parsons pp. 6, 10, 11, 54, 86, 176, 202, 217, 231 ; William Reavell p. 69, 71, 127, 129, 165, 193, 199, 213, 225 ; Simon Smith p. 19, 157 ; Ian Wallace p. 16, 85, 121, 123, 137, 141, 229.

Traduit de l'anglais par Christine Chareyre.
Mise en pages : les PAOistes.
Relecture-correction : Clémentine Bougrat.
Suivi éditorial : Natacha Kotchetkova.

Pour Marabout, le principe est d'utiliser des papiers composés de fibres naturelles, renouvelables, recyclables et fabriquées à partir de bois issus de forêts qui adoptent un système d'aménagement durable. En outre, Marabout attend de ses fournisseurs de papier qu'ils s'inscrivent dans une démarche de certification environnementale reconnue.

Édité par Hachette Livre,
43, quai de Grenelle, 75905 Paris Cedex 15.
Achevé d'imprimer en décembre 2012
par Impresia-Cayfosa, Espagne.
ISBN : 978-2-501-06972-4
Dépôt légal : janvier 2013
40.6337.6

introduction

Pour beaucoup de familles aujourd'hui, les journées s'apparentent à de véritables courses contre la montre. Jonglant entre leurs obligations familiales et professionnelles, les parents partagent leur temps libre entre activités sportives, sorties culturelles et vie sociale. Les journées des enfants rivalisent presque avec celles des adultes. Une fois l'école terminée, les uns se précipitent à la piscine ou au conservatoire, les autres rejoignent le cours de judo ou l'atelier théâtre. Autant dire que la préparation de repas dignes de ce nom et le plaisir de les savourer en famille ont peu de place dans le mode de vie moderne.

Rien de tel que les vacances, lorsque nous coupons avec ce rythme effréné, pour nous

rendre compte que nous n'accordons guère d'importance à nos repas quotidiens, que nous les reléguons derrière nos diverses occupations. Beaucoup d'entre nous ne prennent pas le temps d'apprécier ce qu'ils ont dans leur assiette. Encore moins, bien sûr, de prévoir les repas et d'effectuer les achats nécessaires. C'est pourquoi nous avons rassemblé dans cet ouvrage des recettes simples, nécessitant peu de préparation, mais savoureuses et nourrissantes. En réduisant au minimum le temps passé à cuisiner, vous profiterez mieux des saveurs que vous poserez sur la table et de la compagnie de vos convives, famille ou amis.

basique, mais convivial

Il n'est pas rare que nous avalions notre dîner en quelques minutes, ou que nous laissions nos enfants engloutir une pizza passée au micro-ondes…

Nous oublions les bienfaits que nous pouvons tirer d'un repas pris en commun autour d'une table. Et pas seulement au plan nutritionnel. D'un point de vue éducatif aussi, ce type de rituels paraît essentiel.

Les repas peuvent être des moments d'échange privilégiés pour toute la famille. Pendant les jours de la semaine, le dîner, qui est bien souvent le seul repas réunissant parents et enfants, donne à chacun l'occasion de parler de sa journée. Les enfants expriment leurs joies et leurs peines, les parents se mettent à leur écoute, les réconfortent ou les encouragent. Ce rôle de guide, ils peuvent également l'assumer autour de la nourriture proprement dite, en les incitant à goûter à de nouvelles saveurs et en les familiarisant avec les règles du savoir-vivre à table. Structurés autour du partage de la nourriture, les repas offrent un cadre sécurisant aux enfants et ponctuent les journées de moments de convivialité qui participent à la cohésion de la famille. Nul besoin de plats élaborés nécessitant de longs préparatifs. Des mets simples et équilibrés favorisent parfaitement les échanges. Inutile de préciser à ce propos qu'il est préférable d'éteindre la télévision et la radio pour profiter au mieux de ces moments de partage et de ce que vous avez dans votre assiette.

Précisons enfin que le corps absorbe mieux les nutriments en position assise que debout. Un argument de plus pour privilégier les repas autour d'une table !

le maître mot : organisation

Si chacun de nous apprécie la cuisine soignée et bien présentée, beaucoup ont tendance à négliger la préparation des repas quotidiens. Ce qui ne signifie pas que vous devez passer des heures à concocter votre dîner tous les soirs. Vous n'en tirerez probablement aucun bénéfice. Pour que vos repas en famille soient placés sous le signe du plaisir, nous avons réuni des recettes rapides et faciles à réaliser. De grands classiques éprouvés au fil des années côtoient des recettes inédites qui, nous l'espérons, satisferont vos envies de nouveauté. Exigeant peu de préparation, elles sont conçues pour séduire autant les yeux que le palais de vos convives. Nul doute que vous les adopterez sans tarder.

L'organisation est la clé de la réussite des repas en famille. Si vous savez que la semaine à venir sera chargée, prévoyez vos menus à l'avance et dressez la liste des courses. Si vous êtes vraiment à court de temps, les courses sur Internet peuvent être une bonne solution. Le gain de temps considérable compensera les frais de livraison. Il ne vous restera plus qu'à ranger les produits dans le placard, le réfrigérateur ou le congélateur. Le shopping en ligne permet de gagner un nombre d'heures appréciable dans nos emplois du temps bien chargés.

les indispensables

Même si vous êtes un modèle d'organisation, il est bon d'avoir quelques ingrédients de base à portée de main, pour parer aux imprévus qui ne vous permettent pas de préparer ce que vous aviez planifié : une visite surprise, par exemple, ou un rendez-vous après le travail qui retarde votre arrivée à la maison.

Il y a tout d'abord les denrées dont vous avez toujours besoin, comme les féculents : riz, pâtes (de préférence complètes), nouilles, couscous. Pour improviser en quelques minutes un dîner riche en protéines, il suffit d'avoir dans son placard un sachet de noix de cajou, des boîtes de thon, de saumon, de haricots, des œufs au réfrigérateur et des crevettes au congélateur.

Pour des fonds de cuisson qui rehaussent en même temps la saveur des ingrédients, le bouillon de poulet ou de légumes, en cube ou en poudre, est toujours utile, de même que le concentré de tomate et un choix d'huiles : olive, colza, sésame, par exemple. Complétez le sel et le poivre par un mélange d'herbes séchées et des épices : cinq-épices chinois, cannelle, coriandre, cumin et noix de muscade en poudre, sauce de piment ou piments en flocons.

Pour réaliser une sauce rapide, farine, fécule de maïs, tomates en boîte, passata, olives, gruyère et lait en poudre se révéleront très précieux. Et pour un dessert de dernière minute, de nombreux produits vous sauveront la vie : sucre, miel, sirop d'érable, fruits en conserve, biscuits entreposés dans le placard ; glace à la vanille, sorbet aux fruits et gaufres sortis du congélateur.

La crème fraîche et le yaourt entrent dans la composition de nombreux plats, salés et sucrés. Mais leur durée de conservation étant limitée, il est préférable de les inclure sur votre liste de courses selon vos besoins. S'il vaut mieux éviter les sauces prêtes à l'emploi, qui contiennent souvent des conservateurs et des colorants, un ou deux bocaux de pesto vert ou rouge ne seront pas superflus dans votre placard. Quelques cuillerées mélangées à des pâtes ou étalées sur du poulet ou du poisson apporteront une note originale sur votre table. Le véritable pesto, mélange de basilic, de parmesan, de pignons de pin et d'huile d'olive, est facile à réaliser soi-même. Mais lorsque vous êtes à court de temps, un bocal acheté dans le commerce fera parfaitement l'affaire.

1 001 astuces

Avec un choix d'ingrédients de base à portée de main, des menus établis pour chaque jour de la semaine et les courses livrées à domicile, les conditions sont presque réunies pour que vous puissiez satisfaire les besoins alimentaires de votre famille. Mais si vous disposez de quelques minutes par-ci par-là, profitez-en pour vous livrer à de petits préparatifs. Il représenteront un gain de temps non négligeable au moment de cuisiner les repas.
Lorsque le pain commence à rassir, ne le jetez pas. Mixez-le pour en faire de la chapelure et gardez-la au congélateur pour paner des nuggets de poulet ou saupoudrer un gratin.
Conservez le gingembre et les piments au congélateur. Le gingembre congelé peut être râpé directement sur la préparation. Les piments doivent décongeler quelques minutes avant d'être hachés. Les épinards surgelés hachés peuvent être ajoutés dans les plats à la sortie du congélateur.
Lorsque vous préparez une soupe, un plat mijoté ou un curry, multipliez par deux les quantités indiquées dans la recette et entreposez le reste au congélateur. Le jour où vous devrez élaborer un menu à la dernière minute, votre congélateur se révélera une excellente source d'inspiration !
Si vous ne possédez pas de micro-ondes et que vous aviez oublié de sortir la viande, la volaille ou le poisson de votre congélateur, vous pouvez accélérer la décongélation en laissant tremper les aliments surgelés 2 ou 3 heures dans de l'eau froide, dans leur emballage.
Au lieu de jeter un reste de crème fraîche, versez-le dans un bac à glaçons et faites-le congeler. Vous prélèverez ensuite les glaçons de crème fraîche selon vos besoins.
Le parfum subtil de la coriandre se mariant avec nombre de préparations, procurez-vous dans les épiceries chinoises ou indiennes de la pâte de coriandre en tube ou en pot.

Ou congelez une botte de coriandre dans un sac en plastique pour l'émietter ensuite dans vos préparations. La congélation a tendance à noircir les feuilles et à réduire légèrement l'arôme, mais ces inconvénients sont mineurs comparés au désagrément de ne pas avoir de coriandre du tout !

Coupez le pain en tranches avant de le congeler. Vous prélèverez la quantité nécessaire au fur et à mesure de vos besoins. De la même manière, partagez des petits pains en deux pour les congeler : vous les ferez griller à la sortie du congélateur.

cuisine rapide, mais saine

Jeunes ou vieux, végétariens ou omnivores, nous avons tous à peu près les mêmes besoins en matière de nutriments. Nous tirons notre énergie de la nourriture et des liquides que nous absorbons. Pour satisfaire les besoins de notre corps, nous devons consommer des glucides, des protéines, des graisses, des fibres et de l'eau, ainsi que des vitamines et des minéraux. Tous ces nutriments sont essentiels au fonctionnement de notre corps. Mais nombre d'entre eux améliorent aussi notre santé et nous protègent contre les maladies. Une alimentation saine et équilibrée est garante d'une bonne santé physique et psychique. Elle influe sur notre humeur et notre capacité de gérer le stress.

Des journées bien remplies ne riment pas obligatoirement avec une alimentation de mauvaise qualité. Et des plats sans prétention, préparés rapidement, peuvent être à la

fois sains, savoureux et nourrissants, comme le prouvent les recettes de ce livre. Pour satisfaire autant les papilles que les besoins nutritionnels de tout un chacun, le secret de la cuisine familiale consiste à proposer au fil de la semaine des menus aussi variés que possible. Si l'un de vos enfants déteste les haricots blancs mais adore la viande rouge, si l'autre hait la viande rouge mais raffole des omelettes, vous ne pourrez sans doute pas les contenter au cours d'un même repas. Mais il y a de fortes chances que vous puissiez répondre à leurs envies au moins une fois dans la semaine. Et vous éviterez aussi la monotonie pour tout le monde.

Les recettes du deuxième chapitre de ce livre, « Pâtes, riz & nouilles », ont pour ingrédients de base des glucides. Bien que cette catégorie d'aliments ait souffert d'une mauvaise presse ces dernières années, les bons glucides, ou glucides complexes, sont essentiels à notre santé et doivent constituer la base de toute alimentation saine. Cette catégorie d'aliments comprend les céréales, le pain, le riz et les pâtes, mais aussi les fruits et les légumes frais, les légumineuses et les produits laitiers.

Pas toujours appréciés des enfants, les fruits et les légumes doivent figurer au menu de tous les repas et être privilégiés dans le choix des en-cas. Riches en antioxydants, substances qui nous protègent des maladies, ils

contiennent aussi des vitamines et des minéraux comme le fer et le calcium, indispensables au fonctionnement du corps. Fruits et légumes figurent donc en bonne place dans les recettes qui suivent. En plus de fournir des vitamines et des minéraux au corps, ils rehaussent les plats de leurs saveurs et couleurs variées.

Les pâtes, le riz et les nouilles occupent une place de choix dans l'alimentation occidentale. Ils offrent en effet une base idéale pouvant s'accommoder d'une gamme d'ingrédients infinie. Dans la mesure du possible, procurez-vous ces produits complets. N'ayant pas subi de transformation, ils conservent leurs nutriments et leurs fibres.

Présentes uniquement dans les végétaux, les fibres sont essentielles à la santé de tous. Elles facilitent la digestion et le transit, mais elles contribuent aussi à maintenir le taux de

sucre dans le sang. Plus longues à digérer que d'autres aliments, elles procurent une sensation de satiété qui permet d'éviter le grignotage d'aliments gras ou sucrés entre les repas.

Autre source importante de fibres, les légumineuses figurent dans plusieurs plats des chapitres « Plats uniques » et « Recettes végétariennes ». Les bienfaits de ces aliments sont avérés pour tous. Riches en protéines, vitamines B, calcium et fer, les légumineuses sont pauvres en graisses saturées et ne contiennent pas de cholestérol. Les adolescents, qui ont tendance à négliger leur alimentation ou peuvent être séduits par le végétarisme, ont des besoins accrus en fer et ne peuvent tirer que des bienfaits des légumineuses. Proposez-leur les lentilles braisées à la gremolata (pages 196-197) ou le chorizo aux pois chiches (pages 138-139). Et un soir d'hiver, un plat réconfortant comme les saucisses aux haricots (pages 88-89) ralliera tous les suffrages.

l'éducation au goût

Les enfants, petits et grands, sont souvent difficiles en matière de nourriture. Pour se simplifier la vie et éviter les conflits, les parents pressés cèdent à leurs envies et leur proposent toujours le même genre de plats. Or, la diversité est essentielle pour l'équilibre nutritionnel. Si l'on n'encourage pas les enfants à découvrir de nouvelles saveurs, ils se contentent de celles dont ils sont familiers et finissent par rejeter toute nouveauté qu'on leur propose. On connaît leur prédilection pour les pâtes, la purée, les pizzas et les saucisses au ketchup. La préparation de deux dîners chaque soir, un pour les parents, un pour les enfants, n'est pas non plus une solution.

Des plats à base de protéines peuvent être un bon moyen de varier leur alimentation. Dans le chapitre « Viandes & volailles », nombre de recettes ont fait leurs preuves auprès des adultes autant que des enfants. Petits et grands ne résisteront pas aux saucisses et purée à la moutarde (pages 116-117) ou au porc aigre-doux (pages 132-133).

Bien qu'il soit plus difficile de familiariser les jeunes enfants avec le poisson et les fruits de mer, vous aurez probablement la surprise de voir votre tablée dévorer le risotto au cabillaud et aux olives (pages 164-165) ou les brochettes de lotte (pages 170-171).

place aux rituels

Pour inciter vos enfants à partager la cuisine que vous préparez pour toute la famille, essayez de mettre en place de petits rituels. Choisissez par exemple un jour fixe, dans la semaine, pour apporter de nouvelles saveurs et textures sur la table. Informez-en le reste de la famille. Récompensez les plus petits avec un gadget sorti de votre réserve à cadeaux, laissez les plus âgés se coucher 10 minutes plus tard ce soir-là.

Présentez les aliments de manière attrayante. Posez vos plats ou saladiers au milieu de la table et invitez les enfants à se servir eux-mêmes. Ils se sentiront ainsi davantage responsables de ce qu'ils ont dans leur assiette et renâcleront moins à manger. Mais ne forcez jamais un enfant à absorber ce dont il n'a manifestement pas envie. De mauvaises expériences gustatives peuvent rester gravées à vie dans la mémoire. Et les repas doivent être synonymes de détente, pas de contrainte.

Les jours où vous introduisez de nouvelles saveurs dans votre menu, veillez à ce que vos enfants ne grignotent pas avant de passer à table. S'ils ont faim, ils seront davantage prêts à accepter la nouveauté. Quant à ceux qui rechignent constamment à manger, c'est souvent le grignotage entre les repas ou la consommation de jus de fruits qui leur coupe tout simplement l'appétit.

Inutile de proposer une solution de remplacement à votre enfant s'il refuse le repas que vous avez préparé. Vous ne ferez qu'encourager ce type de comportements et vous risquez de perdre tout enthousiasme à cuisiner pour votre famille.

N'oubliez pas, toutefois, que les enfants ont les papilles sensibles. Introduisez des épices avec précaution. Avant de leur présenter un curry, familiarisez leur palais avec des épices douces.

le plaisir de partager la nourriture

Les repas autour de la table familiale offrent aux parents l'occasion unique de jouer le rôle de modèles. Les enfants, surtout les plus petits, grandissent en imitant les grands. Si vous aimez le poisson, il est probable qu'ils l'apprécieront eux aussi. Renouvelez vos menus aussi souvent que possible. N'hésitez pas à élargir votre répertoire. Et si vous prenez plaisir à préparer les repas, ils prendront plaisir à les savourer.

Essayez et adoptez sans attendre les recettes qui suivent. Vous transformerez les repas quotidiens en moments de convivialité qui laisseront de délicieux souvenirs gustatifs dans la mémoire de vos enfants.

apéros & entrées

minestrone

Pour **4 personnes**
Préparation **5 minutes**
Cuisson **25 minutes**

2 c. à s. d'**huile d'olive**
1 **oignon** coupé en dés
1 gousse d'**ail** écrasée
2 branches de **céleri** hachées
1 **poireau** émincé
1 **carotte** coupée en dés
400 g de **tomates concassées en boîte**
600 ml de **bouillon de poulet** ou **de légumes**
1 **courgette** coupée en dés
½ petit **chou vert** détaillé en lanières
1 feuille de **laurier**
75 g de **haricots blancs en boîte**
75 g de **spaghettis** coupés en petits morceaux ou de **petites pâtes**
1 c. à s. de **persil plat** haché
50 g de **parmesan** fraîchement râpé pour servir
sel et **poivre**

Faites chauffer l'huile d'olive dans une grande casserole, puis faites revenir l'oignon, l'ail, le céleri, le poireau et la carotte 3 minutes à feu moyen.

Ajoutez les tomates, le bouillon, la courgette, le chou, la feuille de laurier et les haricots. Portez à ébullition, puis laissez frémir 10 minutes.

Incorporez les spaghettis. Salez, poivrez et remuez soigneusement. Prolongez la cuisson de 8 minutes, sans cesser de remuer pour éviter que la soupe n'attache au fond de la casserole.

Ajoutez le persil et servez le minestrone dans des bols à soupe chauds, avec le parmesan râpé.

Pour une soupe aux lentilles et au bacon, faites revenir 6 tranches de bacon grossièrement hachées avec l'oignon, l'ail et les légumes. Ajoutez 75 g de lentilles corail avec les tomates, le bouillon et les haricots. Laissez frémir 20 minutes, jusqu'à ce que la soupe épaississe. Ne mettez pas de pâtes. Servez dans des bols chauds, avec 1 cuillerée à soupe de persil haché et 50 g de parmesan râpé.

velouté aux légumes d'été

Pour **4 personnes**
Préparation **10 minutes**
Cuisson **20 minutes**

1 c. à c. d'**huile d'olive**
1 **poireau** émincé
1 grosse **pomme de terre** coupée en morceaux
450 g de **légumes d'été** mélangés : **petits pois**, **pointe d'asperge**, **fèves**, **courgettes** par exemple
2 c. à s. de **menthe** hachée + quelques feuilles pour décorer
1 litre de **bouillon de légumes**
2 c. à s. de **crème fraîche**
sel (facultatif) et **poivre**

Faites chauffer l'huile d'olive dans une casserole moyenne, puis faites revenir le poireau et la pomme de terre 3 ou 4 minutes.

Ajoutez les légumes mélangés avec la menthe et le bouillon de légumes. Portez à ébullition, puis laissez frémir 10 minutes.

Mixez la soupe dans un blender ou un robot jusqu'à ce qu'elle soit lisse et homogène. Versez la soupe dans la casserole. Salez si nécessaire et poivrez. Réchauffez la soupe, puis servez-la dans des bols chauds avec 1 cuillerée de crème fraîche. Décorez de feuilles de menthe.

Pour une soupe de légumes avec toasts au fromage, faites revenir 1 poireau et 1 grosse pomme de terre comme ci-dessus. Ajoutez 1 litre de bouillon de légumes et portez à ébullition. Laissez frémir 10 minutes, puis mixez dans un robot ou un blender pour obtenir un mélange homogène. Versez la soupe dans la casserole et ajoutez 150 ml de bouillon de légumes, le reste des légumes grossièrement hachés et 2 cuillerées à soupe de menthe hachée. Prolongez la cuisson de 10 minutes. Pendant ce temps, coupez une baguette de pain en rondelles. Garnissez-les de gruyère râpé et faites-les dorer 5 minutes sous le gril chaud. Servez la soupe dans des bols chauds, garnie de toasts au fromage.

soupe de nouilles au poulet

Pour **4 personnes**
Préparation **10 minutes**
Cuisson **12 minutes**

1,2 litre de **bouillon de poulet**
1 gousse d'**anis étoilé**
1 **bâton de cannelle** de 7 cm de long cassé en morceaux
2 gousses d'**ail** finement hachées
2 c. à s. de **sauce de poisson thaïe**
8 **racines de coriandre** finement hachées
4 c. à c. de **cassonade**
4 c. à c. de **sauce soja claire**
200 g de **blancs de poulet** coupés en cubes
125 g de **légumes verts** grossièrement hachés (**chou**, **bettes** ou **pak choi** par exemple)
75 g de **germes de soja**
200 g de **nouilles de riz précuites**
15 g de **feuilles de coriandre**

Dans une grande casserole, mélangez le bouillon de poulet, l'anis étoilé, le bâton de cannelle, l'ail, la sauce de poisson, la coriandre, la cassonade et la sauce soja. Portez doucement à ébullition.

Ajoutez le poulet et laissez frémir 4 minutes.

Incorporez les légumes verts, les germes de soja, et prolongez la cuisson de 2 minutes.

Répartissez les nouilles dans 4 bols, versez la soupe dessus et garnissez de coriandre.

Pour une soupe au poulet et à la coco, remplacez 400 ml de bouillon de poulet par 400 ml de lait de coco en boîte. Laissez frémir le bouillon avec les épices, la coriandre, la cassonade, la sauce de poisson, la sauce soja et le poulet, comme ci-dessus. Incorporez les légumes verts, les germes de soja, et prolongez la cuisson de 2 minutes. Ajoutez 125 g de pois mange-tout détaillés en lanières 1 minute avant la fin de la cuisson. Versez la soupe dans des bols chauds et garnissez de feuilles de coriandre.

croque-monsieur

Pour **4 personnes**
Préparation **10 minutes**
Cuisson **10 minutes**

8 tranches de **pain de mie**
100 g de **beurre** ramolli
4 tranches de **gruyère**
4 tranches de **jambon blanc**
4 c. à s. d'**huile végétale**
poivre

Tartinez un côté des tranches de pain de mie avec la moitié du beurre. Garnissez 4 tranches de pain beurré avec 1 tranche de gruyère et 1 tranche de jambon. Poivrez, couvrez avec le reste du pain, côté beurré sur le jambon. Appuyez délicatement sur les croque-monsieur.

Dans une grande poêle, faites fondre la moitié du reste du beurre avec la moitié de l'huile. Faites frire 2 croque-monsieur, en les retournant, jusqu'à ce qu'ils soient dorés. Procédez de même pour les 2 autres.

Pour des croque-madame, préparez les croque-monsieur comme ci-dessus, mais sans le fromage. Faites chauffer 4 cuillerées à soupe d'huile végétale dans une poêle et faites frire les sandwichs au jambon. Retirez-les de la poêle et gardez-les au chaud. Ajoutez 1 cuillerée à soupe d'huile dans la poêle avant d'y casser 4 œufs. Faites-les cuire jusqu'à ce que le blanc soit ferme, mais le jaune encore mou. Posez les sandwichs sur des assiettes de service chaudes et ajoutez 1 œuf dessus à l'aide d'une pelle à poisson. Décorez les croque-madame de persil plat haché avant de servir.

bouchées à la saucisse

Pour **15 bouchées**
Préparation **15 minutes**
+ réfrigération
Cuisson **15 minutes**

400 g de **chair à saucisse**
200 g de **farine ordinaire**
+ un peu pour le plan de travail
50 g de **farine complète**
1 pincée de **sel**
150 g de **beurre** froid coupé en dés
3 c. à s. d'**eau glacée**
1 c. à s. de **graines de pavot**
1 **œuf** battu

Façonnez 3 saucisses avec la chair à saucisse.

Tamisez les farines avec le sel au-dessus d'un saladier. Incorporez le beurre du bout des doigts. Versez de l'eau glacée pour former une pâte lisse, puis incorporez les graines de pavot. Pétrissez la pâte brièvement sur un plan de travail fariné.

Étalez la pâte en forme de rectangle de 30 x 25 cm sur le plan de travail fariné. Découpez-le en 3 bandes de 10 x 25 cm. Posez 1 saucisse au milieu de chaque bande de pâte. Badigeonnez un côté des bandes d'œuf battu. Rabattez la pâte sur les saucisses et appuyez pour souder les bords, en les incisant. Coupez chaque rouleau en 5 bouchées de 5 cm de long, puis posez-les sur une plaque de cuisson.

Entaillez la surface des bouchées et badigeonnez-la avec le reste de l'œuf battu. Laissez reposer les bouchées 15 minutes au réfrigérateur, puis faites-les cuire 15 minutes dans le four préchauffé à 200 °C. Laissez-les refroidir sur la plaque hors du four.

Pour des bouchées à la saucisse et aux légumes rôtis, évidez, épépinez et hachez 1 petit poivron rouge et 1 petit poivron jaune. Hachez 1 courgette moyenne. Arrosez les légumes avec 1 cuillerée à soupe d'huile d'olive et faites-les cuire 30 minutes dans le four préchauffé à 200 °C. Laissez-les refroidir puis mélangez-les avec 300 g de chair à saucisse. Étalez la pâte et confectionnez 15 bouchées avec la farce. Faites cuire comme ci-dessus.

omelettes au fromage de chèvre

Pour **4 personnes**
Préparation **10 minutes**
Cuisson **20 minutes**

4 c. à s. d'**huile d'olive**
500 g de **tomates cerises** (rouges et jaunes) coupées en deux
quelques feuilles de **basilic** hachées
12 **œufs**
2 c. à s. de **moutarde à l'ancienne**
50 g de **beurre**
100 g de **fromage de chèvre frais** coupé en dés
quelques tiges de **cresson**
sel et **poivre**

Faites chauffer l'huile d'olive dans une poêle et faites revenir les tomates cerises 2 ou 3 minutes (procédez si besoin en 2 fois). Ajoutez le basilic, salez et poivrez. Mettez la préparation dans un saladier et gardez-la au chaud.

Battez les œufs avec la moutarde. Salez et poivrez.

Faites fondre ¼ du beurre dans une petite poêle, jusqu'à ce qu'il ne mousse plus. Versez ¼ des œufs, en les étalant à la fourchette pour en couvrir le fond de la poêle. Dès que le dessous de l'omelette commence à prendre (elle doit être légèrement liquide au milieu), répartissez dessus ¼ du fromage de chèvre et prolongez la cuisson de 30 secondes. Faites glisser délicatement l'omelette sur une assiette chaude, en la pliant en deux.

Procédez de même avec le reste des œufs et du fromage pour préparer encore 3 omelettes. Garnissez-les de tomates et de cresson avant de servir.

Pour des omelettes au chorizo, aux tomates et au piment, coupez 6 grosses tomates olivette en quatre et faites-les revenir dans 4 cuillerées à soupe d'huile d'olive. Ajoutez 225 g de chorizo émincé et 1 cuillerée à café de piment frais haché. Laissez dorer 1 minute. Battez les œufs et faites cuire les omelettes comme ci-dessus, en laissant le fromage de chèvre de côté. Garnissez les omelettes de préparation au chorizo et de feuilles de roquette avant de servir.

sandwich BLT (bacon-laitue-tomate)

Pour **1 personne**
Préparation **5 minutes**
Cuisson **10 minutes**

2 tranches de **bacon maigre**
2 tranches de **pain de mie complet** ou **multi-céréale**
2 c. à s. de **mayonnaise**
2 **tomates** coupées en deux
4 feuilles de **laitue**
sel et **poivre**

Faites chauffer une petite poêle antiadhésive et faites dorer le bacon. Égouttez-le sur du papier absorbant.

Faites griller les tranches de pain de mie des deux côtés. Tartinez un côté de chaque toast de mayonnaise. Garnissez un toast de bacon, de tomate et de laitue. Salez, poivrez et couvrez avec l'autre toast. Coupez le sandwich en quatre. Servez chaud ou froid.

Pour un sandwich bacon-saucisse-œuf, faites dorer le bacon comme ci-dessus. Faites cuire 2 saucisses de porc. Coupez-les en 3 tranches dans l'épaisseur et gardez-les au chaud. Dans une poêle moyenne, faites chauffer 1 cuillerée à soupe d'huile végétale. Battez 2 œufs et faites-les cuire 1 ou 2 minutes à feu moyen. Posez le bacon et les saucisses sur un toast chaud. Divisez l'omelette en quatre pour en couvrir le bacon et les saucisses. Poivrez et parsemez de persil. Tartinez l'autre toast de ketchup puis posez-le sur la garniture du sandwich. Coupez-le en quatre et servez-le chaud.

bâtonnets de poulet frits

Pour **4 personnes**
Préparation **20 minutes**
Cuisson **6 à 8 minutes**

2 **œufs**
2 c. à s. de **lait**
100 g de **chapelure**
4 c. à s. de **parmesan** fraîchement râpé
3 **blancs de poulet** (environ 500 g) coupés en bâtonnets
25 g de **beurre**
2 c. à s. d'**huile végétale**
sel et **poivre**

Salsa
2 **tomates** coupées en dés
¼ de **concombre** coupé en dés
75 g de **grains de maïs**, décongelés si surgelés
1 c. à s. **de feuilles de coriandre** hachées

Pour préparer la salsa, mélangez tous les ingrédients dans un saladier.

Battez les œufs avec le lait, du sel et du poivre dans un autre saladier.

Mélangez la chapelure et le parmesan dans une assiette.

Plongez 1 bâtonnet de poulet dans l'œuf battu, puis enrobez-le de mélange chapelure-parmesan. Procédez de même avec le reste du poulet.

Faites chauffer le beurre et l'huile dans une grande poêle. Faites frire les bâtonnets de poulet 6 à 8 minutes, en les retournant plusieurs fois, jusqu'à ce qu'ils soient dorés uniformément. Servez-les avec la salsa.

Pour des bâtonnets de saumon avec dip à la menthe, découpez 500 g de filet de saumon cru en longs morceaux. Mélangez 2 cuillerées à soupe de persil haché avec 100 g de chapelure pour en enrober chaque morceau de saumon. Faites-les frire 2 ou 3 minutes dans le beurre et l'huile, comme ci-dessus, jusqu'à ce qu'ils soient dorés (attention à ne pas les casser en les retournant). Mélangez 300 ml de yaourt nature avec 4 cuillerées à soupe de feuilles de menthe hachées et 3 cuillerées à soupe de concombre coupé en petits dés. Dressez le dip dans un bol et servez-le avec les bâtonnets de saumon.

salade césar

Pour **4 personnes**
Préparation **20 minutes**
Cuisson **5 minutes**

1 gousse d'**ail** écrasée
4 **filets d'anchois à l'huile** égouttés et hachés
le **jus** de 1 **citron**
1 ou 2 c. à c. de **moutarde**
1 **jaune d'œuf**
200 ml d'**huile d'olive**
huile végétale
3 tranches de **pain de mie** coupées en dés
1 **laitue** coupée en chiffonnade
3 c. à s. de **parmesan** fraîchement râpé
poivre

Dans un petit saladier, mélangez l'ail avec les filets d'anchois, le jus de citron, la moutarde, le jaune d'œuf et du poivre. Versez l'huile d'olive progressivement, sans cesser de remuer, pour obtenir une sauce épaisse et homogène. Allongez-la avec un peu d'eau si elle paraît trop épaisse.

Faites chauffer l'huile végétale dans une poêle. Pour vérifier la température, ajoutez un dé de pain. Dès qu'il grésille, incorporez le reste du pain et laissez dorer les croûtons, en les retournant. Égouttez-les sur du papier absorbant.

Dressez la laitue dans un grand saladier. Versez l'assaisonnement et parsemez de 2 cuillerées à soupe de parmesan. Mélangez bien. Répartissez les croûtons et le reste du parmesan sur la salade avant de servir.

Pour une salade au bacon, aux noix et aux croûtons, préparez l'assaisonnement en mélangeant 4 cuillerées à soupe de mayonnaise maison avec 2 cuillerées à soupe de vinaigre de vin blanc et 1 cuillerée à café de moutarde. Faites griller 6 tranches de bacon, puis hachez-les. Mélangez le bacon avec 1 laitue coupée en chiffonnade et 50 g de cerneaux de noix grillés. Préparez des croûtons avec du pain complet. Mélangez tous les ingrédients et arrosez la salade avec l'assaisonnement.

salade de bœuf thaïe piquante

Pour **4 personnes**
Préparation **15 minutes**
Cuisson **5 à 10 minutes**

2 c. à s. d'**huile végétale**
500 g de **rumsteck** ou de **filet de bœuf** coupé en fines lanières
3 gousses d'**ail** finement hachées
2 **piments verts** émincés (éventuellement épépinés)
8 c. à s. de **jus de citron**
1 c. à s. de **sauce de poisson thaïe**
2 c. à c. de **sucre en poudre**
2 **papayes** bien mûres pelées et émincées
½ gros **concombre** coupé en bâtonnets
75 g de **germes de soja**
1 **laitue** croquante coupée en chiffonnade
sauce de piment pour servir (facultatif)

Faites chauffer l'huile dans un wok, à feu moyen. Faites sauter le bœuf avec l'ail et les piments 3 ou 4 minutes à feu vif. Lorsque le bœuf est doré, ajoutez le jus de citron, la sauce de poisson, le sucre en poudre, et remuez.

Retirez le wok du feu. Ôtez le bœuf à l'aide d'une écumoire pour le mélanger avec les papayes, les bâtonnets de concombre, les germes de soja et la laitue.

Versez le liquide contenu dans le wok sur la salade et servez-la chaude, avec éventuellement un bol de sauce de piment.

Pour une salade de poulet thaïe à la mangue et aux noix de cajou, coupez 500 g de blancs de poulet en lanières, puis faites-les cuire au wok avec l'ail et les piments, comme ci-dessus. Ajoutez 8 cuillerées à soupe de jus de citron, 1 cuillerée à soupe de sauce de poisson et 2 cuillerées à café de sucre en poudre. Hachez 2 mangues bien mûres. Mélangez la préparation au poulet avec les mangues, les bâtonnets de concombre et les germes de soja. Servez chaud, sur un lit de coriandre fraîche en remplacement de la laitue. Arrosez la salade avec le liquide contenu dans le wok. Répartissez dessus 75 g de noix de cajou grillées et grossièrement hachées.

toasts aux champignons

Pour **4 personnes**
Préparation **5 minutes**
Cuisson **20 minutes**

8 gros **champignons de Paris**
2 gousses d'**ail** écrasées
125 ml d'**huile d'olive**
2 c. à c. de **thym** haché
le **zeste** finement râpé et le **jus** de 1 **citron**
2 c. à s. de **persil** haché
4 grandes tranches de **pain grillées** beurrées
sel et **poivre**

Pour servir
roquette
copeaux de **parmesan**

Taillez l'extrémité du pied des champignons, puis posez-les à l'envers dans un plat à four. Salez et poivrez. Dans un saladier, mélangez l'ail avec l'huile d'olive, le thym et le zeste de citron, en en réservant pour la décoration. Versez la moitié de cette sauce sur les champignons.

Faites cuire les champignons 20 minutes dans le four préchauffé à 220 °C. Parsemez de persil et arrosez de jus de citron.

Posez les champignons sur les tranches de pain. Versez dessus le reste de la sauce. Ajoutez la roquette, le zeste de citron réservé et les copeaux de parmesan.

Pour des ciabattas aux tomates et à l'ail, coupez 12 grosses tomates olivette bien mûres dans le sens de la longueur. Faites-les cuire 20 minutes dans le four préchauffé à 220 °C, avec 2 gousses d'ail écrasées, 125 ml d'huile d'olive et 2 cuillerées à soupe de thym haché (laissez de côté le jus et le zeste de citron). Coupez un pain ciabatta en deux dans le sens de la longueur, puis dans le sens de la largeur, et frottez les morceaux avec 1 gousse d'ail. Arrosez-les avec 2 cuillerées à soupe d'huile d'olive. Faites-les cuire avec les tomates 10 minutes avant la fin de la cuisson. Posez les tomates sur les morceaux de ciabatta. Garnissez de copeaux de parmesan et arrosez de vinaigre balsamique.

tortillas au houmous

Pour **4 personnes**
Préparation **5 minutes**
Cuisson **10 à 12 minutes**

4 petites **tortillas de maïs**
1 c. à s. d'**huile d'olive**

Houmous
400 g de **pois chiches** en boîte, égouttés et rincés
1 gousse d'**ail** hachée
4 à 6 c. à s. de **yaourt nature**
2 c. à s. de **jus de citron**
1 c. à s. de **feuilles de coriandre** hachées
paprika pour saupoudrer
sel et **poivre**

Pour servir
quartiers de **citron**
olives

Coupez les tortillas en 8 triangles chacune. Posez-les sur une plaque de cuisson et badigeonnez-les d'huile d'olive. Faites-les dorer 10 à 12 minutes dans le four préchauffé à 200 °C. Sortez-les du four.

Pendant ce temps, mélangez les pois chiches avec l'ail, le yaourt et le jus de citron dans un saladier, en écrasant les pois chiches pour obtenir une préparation homogène. Salez et poivrez, ajoutez la coriandre et saupoudrez de paprika. Servez la préparation avec les tortillas chaudes, des quartiers de citron et des olives.

Pour des tortillas épicées avec houmous au piment et aux tomates séchées, préparez 4 tortillas comme ci-dessus, en les badigeonnant d'huile d'olive. Avant de les enfourner, saupoudrez-les avec un mélange d'épices cajun. Préparez le houmous comme suit : mixez 400 g de pois chiches en boîte avec 1 gousse d'ail, 4 à 6 cuillerées à soupe de yaourt nature, 2 cuillerées à soupe de jus de citron, des feuilles de coriandre, 3 tomates séchées, 1 cuillerée à café de piment rouge haché et 2 cuillerées à soupe de tahini. Allongez si besoin la préparation avec 2 ou 3 cuillerées à soupe d'eau, en continuant à mixer. Salez et poivrez avant de servir dans un saladier, avec les tortillas chaudes.

frites

Pour **4 à 6 personnes**
Préparation **15 minutes**
+ trempage
Cuisson **30 minutes**

1 kg de **pommes de terre farineuses**, de type bintje
huile végétale
sel

Pelez les pommes de terre. Coupez-les en tranches de 1 ou 2 cm d'épaisseur, puis en fins bâtonnets.

Faites tremper les frites 30 minutes dans de l'eau froide pour ôter l'excédent d'amidon et éviter qu'elles ne collent. Égouttez-les soigneusement et essuyez-les avec du papier absorbant (les frites doivent être parfaitement sèches pour éviter les projections d'huile).

Mettez une petite quantité de frites dans le panier de la friteuse, puis plongez-les dans l'huile de friture préchauffée à 160 °C. (Cuites en plusieurs lots, elles seront plus croustillantes.) Faites cuire les frites 5 minutes, sans les laisser dorer. Laissez-les s'égoutter 5 minutes dans le panier, au-dessus de la friteuse. Augmentez la température à 190 °C. Prolongez la cuisson de 6 à 8 minutes, selon l'épaisseur des frites, jusqu'à ce qu'elles soient dorées.

Égouttez soigneusement les frites sur du papier absorbant et saupoudrez-les de sel avant de servir.

salade épinard-avocat-bacon

Pour **4 personnes**
Préparation **15 minutes**
Cuisson **10 minutes**

1 **avocat bien mûr** coupé en deux, pelé et dénoyauté
2 c. à s. de **jus de citron**
500 g de **jeunes pousses d'épinard**
1 petite botte d'**oignons nouveaux**, détaillés en longues lanières
2 c. à s. d'**huile végétale**
4 tranches de **bacon** dégraissées et hachées
1 gousse d'**ail** écrasée

Assaisonnement
3 c. à s. de **vinaigre balsamique**
1 c. à c. de **cassonade**
1 c. à c. de **moutarde**
125 ml d'**huile d'olive**
1 c. à s. de **noix** finement hachées + un peu pour décorer (facultatif)
1 c. à s. de **persil** ou de **basilic** haché
sel et **poivre**

Préparez l'assaisonnement. Dans un saladier, mélangez le vinaigre balsamique, la cassonade et la moutarde. Salez, poivrez, puis ajoutez l'huile d'olive en battant. Incorporez les noix et les herbes.

Détaillez l'avocat en cubes et arrosez-les de jus de citron. Mettez les jeunes pousses d'épinard dans un saladier, avec les morceaux d'avocat et les lanières d'oignon nouveau.

Faites chauffer l'huile végétale dans une poêle puis faites dorer le bacon et l'ail. Égouttez-les sur du papier absorbant et répartissez-les sur les épinards.

Versez l'assaisonnement sur la salade. Remuez délicatement et décorez avec des morceaux de noix.

Pour une salade aux épinards, au bleu et croûtons aux noix, préparez la salade comme ci-dessus, mais sans le bacon. Préparez l'assaisonnement et mélangez-le avec la salade. Ôtez la croûte de 4 tranches de pain de mie complet. Beurrez les tranches et répartissez dessus 1 cuillerée à soupe de noix hachées. Enroulez les tranches et maintenez les rouleaux avec 2 piques en bois. Coupez les rouleaux en deux, en laissant une pique sur chaque moitié. Faites chauffer l'huile végétale dans une poêle et faites dorer les rouleaux 1 ou 2 minutes. Retirez-les de la poêle et enlevez les piques. Émiettez 175 g de bleu dans la poêle chaude, hors du feu, et laissez le fromage fondre légèrement. Mélangez le fromage avec la salade et servez chaque portion avec 2 croûtons aux noix.

galettes aux herbes

Pour **8 à 10 personnes**
Préparation **10 minutes**
+ repos
Cuisson **20 minutes**

125 g de **farine avec levure incorporée**
1 gros **œuf**
150 ml de **lait**
1 poignée d'**herbes séchées**
huile végétale

Mettez la farine dans un saladier et creusez un puits au milieu. Cassez l'œuf dans le puits et ajoutez un peu de lait. Battez l'œuf et le lait à l'aide d'un fouet (la farine épaissit le liquide en tombant dedans).

Continuez à fouetter pour incorporer la farine progressivement. Versez le lait à mesure que la pâte épaissit. Dès que tous les ingrédients sont bien mélangés, ajoutez les herbes. Laissez la pâte reposer 30 minutes pour obtenir une consistance moins farineuse (l'amidon gonfle).

Faites chauffer une grande poêle et badigeonnez-la d'huile végétale. À l'aide d'une cuillère ou d'une louche (selon la taille souhaitée des galettes), versez un peu de pâte dans la poêle. Ajoutez d'autres cuillerées ou louchées, en les espaçant. Faites cuire 1 minute, jusqu'à ce que le dessous soit doré. Retournez les galettes à l'aide d'une spatule et faites dorer l'autre côté. Posez les galettes sur une assiette et gardez-les au chaud pendant le reste de la cuisson. Huilez la poêle si besoin.

Pour des galettes complètes aux myrtilles, mélangez 125 g de farine complète (à la place de la farine avec levure incorporée) avec 1 œuf et 150 ml de lait. Remplacez les herbes séchées par 75 g de myrtilles. Mélangez bien et faites cuire comme ci-dessus. Ajoutez du yaourt nature et du sirop d'érable sur les galettes chaudes avant de servir.

gratin de chou-fleur au bacon

Pour **4 personnes**
Préparation **10 minutes**
Cuisson **15 minutes**

1 gros **chou-fleur** détaillé en fleurettes
25 g de **beurre**
25 g de **farine**
300 ml de **lait**
125 g de **gruyère** râpé
1 c. à c. de **moutarde**
1 c. à s. de **chapelure**
4 tranches de **bacon** coupées en lanières
sel et **poivre**

Faites cuire le chou-fleur 12 minutes à la vapeur. Égouttez-le et mettez-le dans un plat à gratin.

Pendant ce temps, faites fondre le beurre dans une casserole et faites-y revenir la farine 1 minute. Ajoutez progressivement le lait, puis $2/3$ du gruyère, et laissez épaissir la sauce en remuant. Incorporez la moutarde, salez et poivrez.

Versez la sauce sur le chou-fleur. Parsemez le dessus du reste du gruyère et de chapelure. Faites dorer sous le gril à chaleur moyenne et garnissez de lanières de bacon.

Pour un gratin de chou-fleur au bacon et aux graines, faites cuire le chou-fleur comme ci-dessus. Préparez la sauce avec 300 ml de lait de soja, du tofu et 1 cuillerée à soupe de moutarde. Faites griller 2 tranches de bacon. Hachez-les finement puis mélangez-les avec 50 g de chapelure, 1 cuillerée à soupe de graines de courge et 1 cuillerée à soupe de graines de tournesol. Versez la sauce sur le chou-fleur et garnissez avec le mélange au bacon et aux graines.

petits pains aux herbes

Pour **750 g de pain**
Préparation **10 minutes**
Cuisson **25 à 30 minutes**

250 g de **farine complète** + un peu pour le plan de travail
250 g de **farine ordinaire**
1 c. à c. de **bicarbonate de soude**
1 c. à c. de **sel**
50 g de **beurre** froid coupé en dés + un peu pour les moules
1 **oignon nouveau** finement haché
1 c. à s. de **persil** haché
1 c. à s. de **thym** haché
1 c. à s. de **romarin** haché
275 ml de **lait fermenté** ou de **lait ordinaire** additionné de 1 c. à s. de **jus de citron**

Au-dessus d'un saladier, tamisez les deux farines avec le bicarbonate de soude et le sel. Incorporez le beurre du bout des doigts pour obtenir un sablage. Incorporez l'oignon nouveau et les herbes. Creusez un puits au milieu pour ajouter le lait. Malaxez à l'aide d'une spatule jusqu'à obtention d'une pâte homogène. Pétrissez-la légèrement en boule sur un plan de travail fariné. Répartissez la pâte dans 8 moules à darioles beurrés.

Posez les moules sur une plaque de cuisson. Lissez la pâte et saupoudrez-la de farine.

Faites cuire les petits pains 25 à 30 minutes dans le four préchauffé à 220 °C. Ils doivent être dorés, bien levés, et sonner creux lorsque vous tapez dessous. Laissez-les refroidir sur une grille à pâtisserie. Si vous préférez une croûte molle, recouvrez-les d'un torchon. Dégustez les petits pains le jour même.

Pour des petits pains aux dattes et aux noix, remplacez l'oignon nouveau et les herbes hachées par 100 g de cassonade, 75 g de noix hachées et 125 g de dattes dénoyautées hachées. Faites cuire les petits pains comme ci-dessus.

sambal de haricots verts

Pour **4 personnes**
Préparation **15 minutes**
Cuisson **15 minutes**

2 c. à s. d'**huile végétale**
4 **échalotes** émincées
2 gousses d'**ail** écrasées
½ c. à c. de **pâte de crevettes**
250 g de **haricots verts** équeutés et émincés en biais
2 c. à c. de **sambal oelek**
1 c. à c. de **cassonade**
sel

Faites chauffer l'huile dans un wok, puis faites revenir les échalotes, l'ail et la pâte de crevettes 5 minutes à feu doux.

Ajoutez les haricots verts et faites-les sauter 8 minutes à feu moyen (ils doivent être légèrement croquants).

Incorporez le sambal oelek et la cassonade. Salez et prolongez la cuisson de 1 minute. Salez de nouveau si besoin, puis servez la préparation chaude.

Pour un sambal d'okras et de piment au raïta, faites revenir les échalotes, l'ail et la pâte de crevettes comme ci-dessus. Remplacez les haricots verts par 250 g d'okras coupés en biais en 3 morceaux. Ajoutez 1 petit piment oiseau émincé et faites cuire comme ci-dessus. Préparez un raïta en mélangeant 4 cuillerées à soupe de yaourt nature avec 2 cuillerées à soupe de coriandre hachée, 1 cuillerée à soupe de menthe hachée et 3 cuillerées à soupe de concombre coupé en petits dés. Dressez le raïta dans un saladier et servez avec le sambal chaud.

pâtes, riz & nouilles

gratin de pâtes au thon

Pour **4 personnes**
Préparation **5 minutes**
Cuisson **15 minutes**

300 g de **conchiglies**
2 c. à s. d'**huile d'olive**
1 **oignon** finement haché
2 **poivrons rouges** évidés, épépinés et coupés en cubes
2 gousses d'**ail** écrasées
200 g de **tomates cerises** coupées en deux
15 g de **beurre**
50 g de **chapelure**
400 g de **thon** en boîte, égoutté et émietté
125 g de **mozzarella** ou de **gruyère** râpé

Faites cuire les pâtes 8 à 10 minutes dans une grande casserole d'eau bouillante salée.

Faites chauffer l'huile d'olive dans une grande poêle et faites revenir l'oignon 3 minutes. Ajoutez les poivrons, l'ail, et faites-les revenir 5 minutes. Incorporez les tomates cerises et prolongez la cuisson de 1 minute.

Faites fondre le beurre dans une autre poêle pour en enrober la chapelure.

Égouttez les pâtes. Mélangez-les à la préparation aux poivrons et aux tomates, puis au thon. Mettez dans un plat à gratin.

Répartissez la mozzarella ou le gruyère, ainsi que la chapelure, sur les pâtes. Faites gratiner 3 à 5 minutes sous le gril à chaleur moyenne, jusqu'à ce que le fromage soit fondu et la chapelure dorée.

Pour un gratin de pâtes au saumon et aux haricots verts, faites cuire 300 g de pâtes comme ci-dessus. Faites revenir l'oignon et l'ail dans l'huile chaude. Détaillez 125 g d'asperges en tronçons de 2 ou 3 cm, équeutez 125 g de haricots verts et coupez-les en deux. Ajoutez-les dans la poêle à la place des poivrons, puis faites cuire 3 minutes. Incorporez les tomates cerises. Égouttez et effeuillez 200 g de saumon en boîte, puis mélangez-le avec 200 ml de crème fraîche. Mélangez le tout et mettez dans un plat à gratin. Répartissez 50 g de chapelure et 125 g de fromage râpé sur le dessus, puis faites gratiner comme ci-dessus.

pâtes carbonara express

Pour **4 personnes**
Préparation **10 minutes**
Cuisson **10 minutes**

400 g de **spaghettis** ou d'autres **longues pâtes fines**
2 c. à s. d'**huile d'olive**
1 **oignon** finement haché
200 g de **bacon** ou de **pancetta** découenné, coupé en cubes
2 gousses d'**ail** finement hachées
3 **œufs**
4 c. à s. de **parmesan** fraîchement râpé + un supplément pour la touche finale
3 c. à s. de **persil** ciselé + un supplément pour la touche finale
3 c. à s. de **crème fraîche**
sel et **poivre**

Faites cuire les spaghettis 8 à 10 minutes dans une grande casserole d'eau bouillante salée.

Faites chauffer l'huile d'olive dans une grande poêle et faites-y revenir l'oignon. Ajoutez le bacon ou la pancetta ainsi que l'ail, et faites-les dorer 4 ou 5 minutes.

Battez les œufs avec le parmesan, le persil et la crème fraîche. Salez, poivrez et remuez délicatement.

Égouttez les spaghettis. Mélangez-les dans la poêle, à feu doux, avec l'oignon, l'ail et le bacon ou la pancetta. Versez la préparation aux œufs. Remuez puis retirez la poêle du feu. Continuez à remuer quelques secondes, jusqu'à ce que les œufs soient légèrement cuits et la préparation crémeuse. Garnissez de parmesan et de persil avant de servir.

Pour des pâtes aux courgettes express, épluchez 3 courgettes, puis émincez-les dans le sens de la longueur à l'aide d'un couteau économe. Faites chauffer l'huile d'olive dans une grande poêle ou un wok et faites-y revenir l'oignon. Ajoutez les morceaux de courgette et 2 gousses d'ail pilées, puis faites cuire 4 ou 5 minutes. Laissez de côté le bacon ou la pancetta. Terminez la recette comme ci-dessus. Garnissez généreusement de parmesan ou de pecorino râpé avant de servir.

petits gratins de macaronis

Pour **4 personnes**
Préparation **5 minutes**
Cuisson **20 minutes**

250 g de **macaronis**
4 tranches de **bacon** coupées en dés
1 gousse d'**ail** écrasée
150 ml de **crème fraîche**
150 ml de **lait**
1 pincée de **muscade** râpée
175 g de **gruyère** râpé
4 c. à s. de **basilic** ciselé
2 **tomates** émincées
sel et **poivre**

Faites cuire les macaronis 8 à 10 minutes dans une grande casserole d'eau bouillante salée. Égouttez-les et mettez-les dans un saladier.

Faites dorer le bacon à sec dans une petite poêle. Ajoutez l'ail et faites-le revenir 1 minute. Versez la crème fraîche, le lait et la muscade, puis portez au point de frémissement.

Incorporez 125 g de gruyère et le basilic. Remuez hors du feu jusqu'à ce que le fromage soit fondu. Salez et poivrez la sauce, puis mélangez-la avec les macaronis.

Répartissez la préparation dans 4 petits plats à gratin. Garnissez de rondelles de tomate et parsemez du reste du fromage. Faites cuire les gratins 10 minutes dans le four préchauffé à 230 °C.

Pour un gratin de macaronis aux épinards et aux champignons, faites cuire 250 g de macaronis, puis égouttez-les. Émincez ou coupez en quatre 300 g de champignons mélangés. Faites chauffer 4 cuillerées à soupe d'huile d'olive dans une grande poêle et faites-y dorer les champignons. Ajoutez 1 gousse d'ail écrasée et prolongez la cuisson de 1 minute. Lavez et essuyez 400 g d'épinards. Mélangez-les dans la poêle pendant 1 minute. Ne mettez pas de bacon. Ajoutez la crème fraîche, le lait, la muscade et le fromage, comme ci-dessus (laissez de côté le basilic et les tomates). Mélangez la sauce avec les pâtes et faites gratiner comme ci-dessus. Salez et poivrez avant de servir.

spaghettis aux fruits de mer

Pour **4 personnes**
Préparation **10 minutes**
Cuisson **10 minutes**

300 g de **spaghettis**
2 c. à s. d'**huile d'olive**
2 gousses d'**ail** écrasées
4 **oignons nouveaux** hachés
400 g de **fruits de mer** surgelés (**crevettes**, **moules**, **noix de Saint-Jacques**, **calamars**), décongelés
200 g de grosses **crevettes** décortiquées surgelées, décongelées
125 ml de **vin blanc sec**
75 ml de **crème fraîche**
1 grosse poignée de **persil plat** ciselé
parmesan fraîchement râpé ou en copeaux pour servir
sel et **poivre**

Faites cuire les spaghettis 8 à 10 minutes dans une grande casserole d'eau bouillante salée.

Pendant ce temps, faites chauffer l'huile d'olive dans une poêle, puis faites revenir l'ail et les oignons 2 minutes. Mettez les fruits de mer décongelés dans une passoire. Rincez-les à l'eau froide, puis égouttez-les et ajoutez-les dans la poêle. Faites sauter le tout 3 ou 4 minutes.

Retirez les fruits de mer de la poêle à l'aide d'une écumoire et réservez-les. Ajoutez le vin blanc et la crème fraîche dans la poêle. Augmentez le feu pour faire réduire la sauce.

Remettez les fruits de mer dans la poêle. Remuez et laissez frémir 2 minutes. Incorporez le persil et les spaghettis. Salez, poivrez, puis mélangez bien les spaghettis avec la sauce. Garnissez de parmesan avant de servir.

linguine aux légumes

Pour **4 personnes**
Préparation **10 minutes**
Cuisson **10 minutes**

1 **poivron rouge** coupé en deux, évidé et épépiné
1 **courgette** émincée
1 **oignon rouge** émincé
1 petite **aubergine** coupée en fines rondelles
8 **pointes d'asperge** épluchées
5 c. à s. d'**huile d'olive**
300 g de **linguine**
3 c. à s. de **petits pois** surgelés
125 g de **parmesan** fraîchement râpé
1 poignée de **basilic** grossièrement haché
sel et **poivre**

Faites chauffer une poêle-gril et faites-y cuire le poivron côté peau, jusqu'à ce qu'elle noircisse. Retirez-le puis faites cuire la courgette, l'oignon rouge, l'aubergine et les pointes d'asperge 2 minutes de chaque côté. Vous pouvez aussi faire cuire les légumes sous le gril du four.

Pelez le poivron et détaillez-le en lanières. Mettez-le dans un plat, avec la courgette, l'oignon, l'aubergine et les pointes d'asperge. Arrosez les légumes avec 4 cuillerées à soupe d'huile d'olive. Gardez-les au chaud à four doux.

Faites cuire les linguine 8 à 10 minutes dans une grande casserole d'eau bouillante salée. Ajoutez les petits pois 1 minute avant la fin de la cuisson.

Égouttez les linguine et les petits pois, puis remettez-les dans la casserole. Incorporez les légumes puis le parmesan. Salez, poivrez et ajoutez le reste de l'huile. Ajoutez le basilic, remuez puis servez.

Pour des linguine aux petits pois avec huile au basilic, faites cuire 300 g de linguine, puis égouttez-les. Faites chauffer 3 cuillerées à soupe d'huile d'olive dans une poêle et faites revenir 1 gousse d'ail émincée 1 minute. Mixez 150 ml d'huile d'olive avec 1 grosse botte de basilic pour obtenir une huile verte. Ajoutez l'huile de la poêle avec l'ail. Faites cuire 175 g de petits pois, puis mélangez-les avec les linguine. Versez l'huile au basilic et à l'ail sur la préparation et remuez délicatement. Garnissez de parmesan avant de servir.

pâtes méditerranéennes au piment

Pour **4 personnes**
Préparation **10 minutes**
Cuisson **5 minutes**

125 g d'**olives noires** dénoyautées
1 **piment rouge** épépiné et émincé
4 c. à s. de **câpres** en conserve égouttées
2 c. à s. de **concentré de tomate**
3 c. à s. de **basilic** ciselé
3 c. à s. de **persil** ou de **cerfeuil** ciselé
4 **tomates** concassées
125 ml d'**huile d'olive**
375 g de **papardelles** ou de **tagliatelles**
copeaux de parmesan
sel et **poivre**

Mixez finement les olives avec le piment et les câpres dans un robot ou un blender, ou hachez-les à la main. Mélangez la préparation avec le concentré de tomate, les herbes, les tomates et l'huile d'olive. Salez et poivrez.

Faites cuire les pâtes 2 ou 3 minutes dans une grande casserole d'eau bouillante salée. Égouttez-les et remettez-les dans la casserole.

Ajoutez la préparation aux olives et remuez délicatement pendant 2 minutes, à feu doux. Garnissez de copeaux de parmesan avant de servir.

Pour des pâtes à l'aubergine, au piment et aux pignons de pin, faites cuire 375 g de pâtes, puis égouttez-les. Hachez grossièrement 1 grosse aubergine et arrosez-la avec 4 cuillerées à soupe d'huile d'olive. Faites-la cuire 20 à 25 minutes dans le four préchauffé à 200 °C, jusqu'à ce qu'elle soit dorée. Mélangez-y 125 g d'olives noires dénoyautées, 1 piment rouge émincé, 2 cuillerées à soupe de concentré de tomate, les herbes et les tomates comme ci-dessus (laissez de côté les câpres et l'huile d'olive). Mettez la préparation dans une poêle, avec 4 cuillerées à soupe d'eau. Faites chauffer 2 ou 3 minutes, puis mélangez avec les pâtes. Dressez sur des assiettes chaudes puis garnissez de parmesan et de pignons de pin grillés avant de servir.

risotto au pepperoni et aux épinards

Pour **4 personnes**
Préparation **5 minutes**
Cuisson **25 minutes**

50 g de **beurre**
1 c. à s. d'**huile d'olive**
100 g de **pepperoni** (salami italien) émincé
75 g de **pignons de pin**
1 c. à s. de **paprika**
2 gousses d'**ail** écrasées
375 g de **riz pour risotto**
1,2 litre de **bouillon de poulet** chaud
250 g de **jeunes pousses d'épinard**
75 g de **raisins secs**
sel et **poivre**

Faites fondre le beurre avec l'huile d'olive dans une grande casserole. Faites-y sauter le pepperoni et les pignons de pin 3 minutes, jusqu'à ce que ces derniers soient dorés. Égouttez à l'aide d'une écumoire et réservez.

Faites revenir le paprika, l'ail et le riz dans la casserole, en enrobant les grains de riz de beurre et d'huile. Versez le bouillon chaud louchée par louchée, en remuant après chaque ajout jusqu'à ce que le liquide soit absorbé. Continuez à ajouter le bouillon ainsi jusqu'à ce que le riz soit crémeux, mais les grains encore fermes. Comptez environ 20 minutes.

Remettez le pepperoni et les pignons de pin dans la casserole, avec les jeunes pousses d'épinard et les raisins secs. Faites chauffer à feu doux sans cesser de remuer. Salez et poivrez. Couvrez et laissez le risotto reposer quelques minutes avant de servir.

Pour un risotto au chorizo et à la courge butternut, faites chauffer 1 cuillerée à soupe d'huile d'olive dans une poêle et faites dorer 2 ou 3 minutes 175 g de chorizo émincé. Coupez 350 g de courge butternut en petits cubes. Ajoutez-les dans la poêle et prolongez la cuisson de 2 minutes. Incorporez le riz (laissez de côté l'ail et le paprika) et mélangez bien. Ajoutez progressivement 1,2 litre de bouillon de poulet comme ci-dessus. Servez le risotto sur des assiettes chaudes.

risotto jambon-patates douces

Pour **4 personnes**
Préparation **5 minutes**
Cuisson **25 minutes**

2 **patates douces moyennes** épluchées et coupées en morceaux de 1 cm de côté
50 g de **beurre**
1 botte d'**oignons nouveaux**, émincés
375 g de **riz pour risotto**
2 feuilles de **laurier**
1,2 litre de **bouillon de poulet** ou **de légumes** chaud
3 c. à s. d'**huile d'olive**
75 g de **jambon de Parme** coupé en lanières
25 g d'**herbes fraîches** mélangées (**persil**, **cerfeuil**, **estragon**, **ciboulette**) ciselées
sel et **poivre**

Faites cuire les patates douces 2 ou 3 minutes dans de l'eau bouillante salée. Égouttez-les et réservez-les.

Faites chauffer le beurre dans une grande casserole et faites revenir les oignons 1 minute. Ajoutez le riz et remuez bien pour enrober les grains de beurre.

Ajoutez les feuilles de laurier. Versez le bouillon chaud, louchée par louchée, en remuant après chaque ajout jusqu'à ce que le liquide soit absorbé. Continuez à ajouter le bouillon ainsi jusqu'à ce que le riz soit crémeux, mais les grains encore fermes. Comptez environ 20 minutes.

Faites chauffer 1 cuillerée à soupe d'huile d'olive dans une poêle et faites dorer le jambon de Parme. Égouttez et gardez au chaud. Versez le reste de l'huile dans la poêle et faites sauter les patates douces 8 minutes.

Ajoutez les herbes dans le risotto. Salez et poivrez avant d'incorporer le jambon de Parme et les patates douces. Couvrez et laissez le risotto reposer quelques minutes avant de servir.

Pour un risotto aux tomates rôties, au jambon de Parme et au brie, coupez 8 tomates olivette en huit. Salez, poivrez et arrosez-les avec 3 cuillerées à soupe d'huile d'olive. Faites-les cuire 30 minutes dans le four préchauffé à 200 °C, puis laissez-les refroidir. Préparez le risotto comme ci-dessus, en remplaçant les patates douces par les tomates rôties et 125 g de brie coupé en cubes. Salez et poivrez avant de servir.

riz chinois frit

Pour **4 personnes**
Préparation **10 minutes**
+ trempage
Cuisson **10 minutes**

2 c. à s. d'**huile végétale**
2 **œufs** battus
1 **carotte** coupée en petits dés
75 g de **petits pois** surgelés
200 g de **crevettes** décortiquées cuites, décongelées si surgelées
400 g de **riz basmati** cuit
2 c. à s. de **sauce soja claire**
6 **oignons nouveaux** épluchés et émincés
2 c. à c. d'**huile de sésame**
lanières d'oignon nouveau

Faites chauffer un wok à feu vif. Versez la moitié de l'huile et chauffez de nouveau. Ajoutez les œufs et faites-les cuire pour obtenir une omelette fine. Faites-la glisser délicatement sur une assiette. Roulez l'omelette et laissez-la refroidir, puis coupez-la en fines lanières.

Faites chauffer le reste de l'huile et faites revenir les dés de carotte 2 minutes. Ajoutez les petits pois, les crevettes, le riz, et faites sauter le tout 2 minutes.

Incorporez la sauce soja, les oignons nouveaux et l'huile de sésame. Mélangez hors du feu, puis ajoutez les lanières d'omelette.

Préparez les lanières d'oignon nouveau pour la garniture. Coupez 2 oignons en tronçons de 4 cm, puis en fins rubans. Laissez-les tremper 15 minutes dans un saladier d'eau froide, avec 2 ou 3 glaçons. Égouttez et répartissez les lanières d'oignon sur le riz frit.

Pour un riz frit aux champignons et aux œufs, coupez 225 g de champignons de Paris en quatre, puis faites-les dorer 2 minutes dans 2 cuillerées à soupe d'huile végétale. Ajoutez 400 g de riz cuit et faites sauter le tout comme ci-dessus. Battez 2 œufs avec ½ cuillerée à café de cinq-épices en poudre. Versez-les dans la poêle et faites cuire. Servez avec de la sauce soja.

riz aux crevettes

Pour **4 personnes**
Préparation **10 minutes**
+ repos
Cuisson **15 minutes**

4 c. à s. d'**huile d'arachide**
250 g de **riz thaï parfumé**
1 c. à c. de **graines de cumin**
1 petit **bâton de cannelle**
4 **feuilles de citron vert**
400 ml de **lait de coco**
150 ml d'**eau**
1 c. à c. de **sel**
2 gousses d'**ail** écrasées
1 morceau de **gingembre** de 2 ou 3 cm pelé et râpé
1 pincée de **flocons de piment**
500 g de grosses **crevettes** décortiquées
2 c. à s. de **sauce de poisson thaïe**
1 c. à c. de **jus de citron vert**
2 c. à s. de **feuilles de coriandre** ciselées
25 g de **cacahuètes** grillées à sec hachées

Faites chauffer la moitié de l'huile dans une casserole et faites-y revenir le riz jusqu'à ce que les grains soient brillants. Ajoutez les graines de cumin, le bâton de cannelle, les feuilles de citron vert, le lait de coco, l'eau et le sel. Portez à ébullition, puis laissez frémir 10 minutes. Retirez du feu, couvrez et laissez reposer 10 minutes.

Pendant ce temps, faites chauffer le reste de l'huile dans un wok et faites revenir 30 secondes l'ail, le gingembre et les flocons de piment. Ajoutez les crevettes et faites-les sauter 3 ou 4 minutes.

Versez dans le wok le riz à la coco, la sauce de poisson, le jus de citron vert et la coriandre. Parsemez de cacahuètes avant de servir.

Pour un riz à la coco, aux fèves de soja, au citron vert et aux tomates cerises, faites revenir 250 g de riz dans de l'huile d'arachide. Ajoutez les graines de cumin, le bâton de cannelle, les feuilles de citron vert, le lait de coco, l'eau et le sel comme ci-dessus. Incorporez 175 g de fèves de soja à la place des crevettes. Hachez grossièrement 1 grosse poignée de feuilles de coriandre et coupez 175 g de tomates cerises en deux. Ajoutez-les au riz, avec 1 cuillerée à soupe de jus de citron vert et le zeste finement râpé de 1 citron vert. Faites sauter le tout 3 ou 4 minutes avant de servir.

nasi goreng

Pour **4 personnes**
Préparation **10 minutes**
Cuisson **10 minutes**

2 c. à s. d'**huile végétale**
150 g de **blanc de poulet** finement haché
50 g de **crevettes** cuites décortiquées, décongelées si surgelées
1 gousse d'**ail** écrasée
1 **carotte** râpée
¼ de **chou blanc** émincé
1 **œuf** battu
300 g de **riz basmati** cuit froid
2 c. à s. de **kecap manis** (sauce soja douce)
½ c. à c. d'**huile de sésame**
1 c. à s. de **sauce de piment**
1 **piment rouge** épépiné et coupé en lanières

Faites chauffer l'huile dans un wok ou une grande poêle et faites revenir le poulet 1 minute. Ajoutez les crevettes, l'ail, la carotte, le chou, et faites-les sauter 3 ou 4 minutes.

Versez l'œuf et étalez-le à l'aide d'une cuillère en bois. Faites-le cuire jusqu'à ce qu'il prenne. Incorporez le riz en fragmentant l'œuf.

Ajoutez le kecap manis, l'huile de sésame, la sauce de piment, et faites chauffer le tout. Garnissez la préparation de lanières de piment avant de servir.

Pour un nasi goreng végétarien, pilez 1 gousse d'ail et faites-la revenir dans 2 cuillerées à soupe d'huile, avec 1 carotte coupée en petits morceaux et ¼ de chou blanc haché. Laissez le poulet et les crevettes de côté. Ajoutez 1 poivron rouge émincé, 125 g de champignons shiitaké émincés et 2 pak choi émincés. Faites sauter le tout 2 ou 3 minutes, jusqu'à ce que les légumes soient tendres mais gardent leur forme. Ajoutez le reste des ingrédients avant de servir dans des bols chauds.

pho de bœuf vietnamien

Pour **4 personnes**
Préparation **5 minutes**
Cuisson **15 minutes**

1,5 litre de **bouillon de poulet**
2 tiges de **citronnelle** écrasées
1 petit morceau de **gingembre frais** émincé
2 c. à s. de **sauce soja claire**
2 c. à s. de **jus de citron vert**
2 c. à c. de **cassonade**
125 g de **nouilles de riz plates**
1 c. à s. d'**huile de tournesol**
250 g d'**aloyau de bœuf**
150 g de **germes de soja**
1 **piment rouge** émincé
1 poignée de feuilles de **basilic thaï**
1 poignée de **menthe**

Mettez dans une grande casserole le bouillon de poulet, la citronnelle, le gingembre, la sauce soja, le jus de citron vert et la cassonade. Portez à ébullition, puis laissez frémir 10 minutes.

Retirez la citronnelle et le gingembre à l'aide d'une écumoire, puis ajoutez les nouilles. Faites-les cuire selon les instructions figurant sur l'emballage.

Pendant ce temps, faites chauffer l'huile de tournesol dans une poêle et faites cuire le bœuf. Dégraissez-le puis découpez-le en fines tranches. Versez le pho dans des bols. Ajoutez les tranches de bœuf, les germes de soja, le piment, le basilic thaï et la menthe.

Pour un pho de poulet au gingembre, faites frémir 1,5 litre de bouillon comme ci-dessus, en multipliant par deux la quantité de gingembre. Remplacez le bœuf par 275 g de blancs de poulet émincés. Pour sculpter une fleur décorative avec une carotte, épluchez-la et partagez-la en 5 parties dans le sens de la longueur, sans couper la base. Émincez-les dans le sens de la longueur et ajoutez-les dans le pho, avec 125 g de nouilles et le poulet. Faites cuire 4 ou 5 minutes. Versez le pho dans des bols. Ajoutez les germes de soja, le piment, le basilic et la menthe comme ci-dessus.

nouilles de riz au gingembre

Pour **4 personnes**
Préparation **10 minutes**
Cuisson **5 minutes**

100 g de **nouilles de riz fines**
125 g de **haricots verts** coupés en deux
le **zeste** finement râpé et le **jus** de 2 **citrons verts**
1 **piment thaï** épépiné et finement haché
1 morceau de **gingembre** de 2 ou 3 cm pelé et finement haché
2 c. à c. de **sucre en poudre**
1 petite poignée de **feuilles de coriandre** hachées
50 g d'**ananas séché** haché

Faites tremper les nouilles 4 minutes dans un saladier d'eau bouillante.

Pendant ce temps, blanchissez les haricots verts 3 minutes dans de l'eau bouillante, puis égouttez-les.

Dans un bol, mélangez le zeste et le jus de citron vert avec le piment, le gingembre, le sucre et la coriandre.

Égouttez les nouilles et dressez-les dans un grand saladier de service. Ajoutez les haricots verts, l'ananas et l'assaisonnement. Remuez délicatement avant de servir.

Pour une salade aux nouilles de riz et à la coco, faites tremper les nouilles et blanchissez les haricots verts comme ci-dessus, puis rafraîchissez-les sous l'eau du robinet. Mettez-les dans un saladier, avec 125 g de germes de soja et 125 g de pois mange-tout émincés, puis mélangez soigneusement. Préparez l'assaisonnement comme ci-dessus, puis versez 150 ml de lait de coco. Arrosez la salade avec l'assaisonnement et remuez. Décorez de feuilles de coriandre avant de servir.

poulet teriyaki

Pour **4 personnes**
Préparation **5 minutes**
+ marinade
Cuisson **5 minutes**

4 **blancs de poulet** (environ 500 g) coupés en cubes de 2 ou 3 cm de côté
4 c. à s. de **sauce soja foncée** + un supplément pour servir
4 c. à s. de **mirin**
2 c. à s. de **sucre en poudre**
250 g de **nouilles soba**
huile de sésame

Mettez les morceaux de poulet dans un plat. Mélangez la sauce soja avec le mirin et le sucre. Versez le mélange sur le poulet et remuez délicatement. Laissez mariner 15 minutes.

Pendant ce temps, faites cuire les nouilles selon les instructions figurant sur l'emballage. Égouttez-les puis plongez-les dans de l'eau glacée. Égouttez-les de nouveau et mettez-les au réfrigérateur.

Enfilez les morceaux de poulet sur des brochettes en métal, puis faites-les griller 2 ou 3 minutes de chaque côté.

Mélangez les nouilles avec un peu d'huile de sésame. Servez-les avec les brochettes de poulet, accompagnées de petits bols d'huile de sésame et de sauce soja.

Pour des crevettes teriyaki aux haricots verts et à la coriandre, préparez la marinade comme ci-dessus et laissez mariner 24 grosses crevettes crues 15 minutes. Émincez 125 g de haricots verts et blanchissez-les. Mélangez les nouilles soba cuites et réfrigérées avec de l'huile de sésame et 1 grosse poignée de feuilles de coriandre. Enfilez les crevettes sur des brochettes et faites-les griller 2 ou 3 minutes de chaque côté. Pour servir, dressez-les sur les nouilles et les haricots verts.

poulet à la sauce de haricots noirs

Pour **4 personnes**
Préparation **10 minutes**
Cuisson environ **20 minutes**

1 **blanc d'œuf**
1 c. à s. de **fécule de maïs**
2 **blancs de poulet** (environ 400 g) coupés en fines lanières
environ 300 ml d'**huile d'arachide**
1 **poivron vert** évidé, épépiné et coupé en longues lanières fines
1 **piment vert** épépiné et coupé en fines lanières
4 gousses d'**ail** coupées en fines lamelles
4 **oignons nouveaux** émincés
4 c. à s. de **sauce de haricots noirs**
300 ml de **bouillon de poulet** chaud
nouilles aux œufs
1 ou 2 c. à s. de **haricots noirs** en boîte
sel et **poivre**

Mettez le blanc d'œuf dans un saladier. Salez, poivrez et fouettez pour obtenir un mélange mousseux. Tamisez la fécule de maïs au-dessus du saladier, puis mélangez en fouettant. Ajoutez le poulet et remuez pour l'enrober de préparation.

Faites chauffer l'huile d'arachide dans un wok sur feu vif. Ajoutez ¼ des lanières de poulet et remuez pour les séparer. Faites-les sauter 30 à 60 secondes, jusqu'à ce qu'elles prennent une couleur blanche uniforme. Retirez-les à l'aide d'une écumoire et égouttez-les sur du papier absorbant. Procédez de même avec le reste du poulet. Videz l'huile du wok, à l'exception de 1 cuillerée à soupe.

Remettez le wok sur feu doux. Ajoutez le poivron vert, le piment vert, l'ail et la moitié des oignons nouveaux. Faites revenir le tout quelques minutes. Ajoutez la sauce de haricots noirs et versez le bouillon de poulet. Portez à ébullition, sans cesser de remuer.

Incorporez le poulet dans la sauce et faites chauffer 5 minutes à feu moyen-vif, en remuant régulièrement. Salez et poivrez. Servez chaud, avec les nouilles aux œufs, le reste des oignons nouveaux et les haricots noirs.

plats uniques

saucisses aux haricots

Pour **4 personnes**
Préparation **10 minutes**
Cuisson **20 minutes**

1 c. à s. d'**huile végétale**
1 **oignon** haché
1 gousse d'**ail** écrasée
1 **poivron rouge** évidé, épépiné et haché
8 **saucisses de porc maigres** (environ 500 g) coupées en quatre
800 g de **haricots** en boîte, égouttés et rincés
400 g de **tomates concassées** en boîte
150 ml de **bouillon de légumes**
2 c. à s. de **purée de tomate**
2 c. à s. de **persil** ciselé
sel et **poivre**

Faites chauffer l'huile dans une grande casserole, puis faites revenir l'oignon, l'ail et le poivron rouge 2 ou 3 minutes.

Ajoutez les saucisses et laissez-les dorer 5 minutes.

Écrasez légèrement la moitié des haricots à la fourchette. Ajoutez-les dans la casserole, avec le reste des haricots, les tomates, le bouillon de légumes et la purée de tomate. Salez et poivrez. Portez à ébullition, puis laissez frémir 10 minutes. Retirez la casserole du feu, incorporez le persil et servez sans attendre.

Pour de l'agneau mijoté au romarin, faites revenir l'oignon, l'ail et le poivron comme ci-dessus. Coupez 375 g d'agneau maigre en cubes et laissez-les dorer 4 ou 5 minutes dans la casserole. Ajoutez 3 cuillerées à soupe de feuilles de romarin. Écrasez 400 g de flageolets, puis ajoutez-les dans la casserole avec la même quantité de flageolets entiers, comme ci-dessus. Ajoutez les tomates, le bouillon et la purée de tomate. Salez et poivrez. Portez à ébullition, puis laissez frémir 25 à 30 minutes. Laissez le persil de côté et servez ce plat avec une purée de pommes de terre.

soupe petits pois, brocoli et pesto

Pour **4 personnes**
Préparation **5 minutes**
Cuisson **25 minutes**

2 c. à s. d'**huile d'olive**
1 **oignon** finement haché
275 g de **pommes de terre** coupées en dés
1 gousse d'**ail** hachée
200 g de **tomates** en boîte
1 litre de **bouillon de légumes** ou **de poulet**
175 g de **brocoli** détaillé en fleurettes, les tiges émincées
125 g de **petits pois** surgelés
2 c. à c. de **pesto** + un supplément pour servir
quelques feuilles de **basilic**
parmesan fraîchement râpé
sel et **poivre**

Faites chauffer l'huile d'olive dans une grande casserole et faites dorer l'oignon 5 minutes. Incorporez les pommes de terre et l'ail, et faites-les revenir 5 minutes.

Ajoutez les tomates et le bouillon. Salez, poivrez et portez à ébullition. Laissez frémir 10 minutes à couvert, jusqu'à ce que le liquide réduise et que la soupe épaississe. Ajoutez le brocoli, les petits pois, le pesto, et prolongez la cuisson de 3 ou 4 minutes.

Pour servir, garnissez la soupe de pesto, de feuilles de basilic et de parmesan.

Pour une soupe aux pâtes, aux flageolets et au pesto, faites revenir l'oignon et l'ail 3 ou 4 minutes, comme ci-dessus. Ajoutez les tomates, le bouillon et 125 g de fusillis mais laissez de côté les pommes de terre, le brocoli et les petits pois. Rincez et égouttez 400 g de flageolets en boîte, puis ajoutez-les dans la casserole, avec 2 cuillerées à café de pesto. Laissez frémir 10 minutes à couvert, jusqu'à ce que les pâtes soient cuites. Salez et poivrez. Servez la soupe dans des bols chauds. Garnissez-la de feuilles de basilic et de parmesan râpé.

curry de poulet thaï

Pour **4 personnes**
Préparation **10 minutes**
Cuisson **20 minutes**

1 c. à s. d'**huile de tournesol**
1 tige de **citronnelle** coupée en quatre
2 **feuilles de kaffir** coupées en deux
1 ou 2 **piments rouges** épépinés et finement hachés
1 morceau de **gingembre** de 2 ou 3 cm pelé et râpé
1 **oignon** finement haché
1 gousse d'**ail** écrasée
1 **poivron rouge** évidé, épépiné et haché
1 **poivron vert** évidé, épépiné et haché
3 **blancs de poulet** (environ 500 g) hachés
400 ml de **lait de coco** en boîte
150 ml de **bouillon de poulet**
2 c. à s. de **feuilles de coriandre** ciselées
riz basmati
sel et **poivre**

Faites chauffer l'huile de tournesol dans une casserole. Faites revenir 2 minutes la citronnelle, les feuilles de kaffir, les piments, le gingembre, l'oignon et l'ail. Ajoutez les poivrons rouge et vert, ainsi que le poulet haché, et faites sauter le tout 5 minutes.

Versez le lait de coco et le bouillon de poulet, et portez à ébullition. Laissez frémir 10 minutes, jusqu'à ce que le poulet soit cuit.

Ajoutez les feuilles de coriandre. Salez et poivrez, puis servez avec du riz basmati.

Pour un curry de courge butternut et de poivrons, faites revenir la citronnelle, les feuilles de kaffir, les piments, le gingembre, l'oignon et l'ail comme ci-dessus. Ajoutez les poivrons. Remplacez le poulet par 375 g de courge butternut coupée en cubes et 2 courgettes épluchées et coupées en morceaux. Faites-les sauter 5 minutes. Versez le lait de coco, le bouillon de poulet, et laissez frémir comme ci-dessus, en incorporant 125 g de haricots verts fins 5 minutes avant la fin de la cuisson. Incorporez la coriandre puis servez avec du riz gluant thaï.

soupe au haddock et aux épinards

Pour **4 personnes**
Préparation **10 minutes**
Cuisson **25 minutes**

50 g de **beurre**
1 c. à s. d'**huile de tournesol**
1 gros **oignon** haché
1 grosse **pomme de terre** coupée en dés
1 litre de **lait demi-écrémé**
1 cube de **fumet de poisson**
2 feuilles de **laurier**
1 pincée de **muscade** râpée
400 g de filets de **haddock fumé** coupés en deux
125 g d'**épinards** équeutés et hachés
4 tranches de **bacon** découennées (facultatif)
toasts pour servir
sel et **poivre**

Faites chauffer le beurre et l'huile de tournesol dans une grande casserole, puis faites-y revenir l'oignon 5 minutes. Incorporez les dés de pomme de terre et laissez-les dorer 5 minutes.

Ajoutez le lait, le fumet de poisson, les feuilles de laurier et la muscade. Salez et poivrez. Incorporez le haddock et portez à ébullition. Laissez frémir 10 minutes à couvert, jusqu'à ce que le haddock s'effeuille facilement.

Retirez le haddock de la casserole et posez-le sur une assiette. Ôtez la peau et effeuillez la chair en enlevant soigneusement les arêtes. Réservez.

Ajoutez les épinards dans la casserole et poursuivez la cuisson 2 ou 3 minutes. Remettez le haddock dans la casserole pour le réchauffer.

Garnissez éventuellement la soupe de bacon, puis servez avec des toasts.

Pour une soupe aux crevettes et au maïs, faites revenir l'oignon et la pomme de terre comme ci-dessus. Ajoutez le lait, le fumet de poisson, salez et poivrez. Remplacez le haddock et les épinards par 225 g de crevettes et 225 g de grains de maïs. Laissez frémir 2 ou 3 minutes, puis incorporez 6 cuillerées à soupe de persil plat haché. Garnissez éventuellement de bacon, comme ci-dessus, puis servez avec des toasts.

poulet biryani

Pour **4 personnes**
Préparation **10 minutes**
+ marinade
Cuisson **25 minutes**

250 g de **cuisses de poulet** désossées et sans la peau, coupées en petits morceaux
1 c. à c. de **curcuma**
1 c. à c. de **cumin en poudre**
1 c. à c. de **coriandre en poudre**
1 c. à c. de **piment en poudre**
6 c. à s. de **yaourt à la grecque**
1 c. à s. d'**huile végétale**
1 **oignon** émincé
2 gousses d'**ail** finement hachées
1 c. à c. de **gingembre** râpé
1 **bâton de cannelle** de 5 cm de long
3 **clous de girofle**
3 gousses de **cardamome**
250 g de **riz basmati**
600 ml de **bouillon de poulet**
400 g de **pommes de terre** coupées en morceaux de 2 ou 3 cm de côté
brins de **coriandre**
sel et **poivre**

Mettez le poulet dans un saladier, avec le curcuma, le cumin, la coriandre, le piment et le yaourt, puis mélangez. (Si vous avez le temps, laissez le poulet mariner au réfrigérateur, après avoir couvert le saladier de film alimentaire.)

Faites chauffer l'huile dans une casserole. Ajoutez l'oignon, l'ail, le gingembre, la cannelle, les clous de girofle, les gousses de cardamome, et faites revenir le tout 3 ou 4 minutes.

Ajoutez le poulet mariné dans la casserole et faites-le cuire 2 ou 3 minutes, en remuant régulièrement. Incorporez le riz et versez le bouillon de poulet. Salez et poivrez généreusement, puis portez à ébullition. Ajoutez les pommes de terre et laissez frémir 10 à 12 minutes à couvert.

Laissez le biryani reposer 5 minutes hors du feu, toujours à couvert. Aérez le riz à la fourchette. Garnissez le biryani de brins de coriandre, puis servez-le avec des pappadums et des chutneys indiens.

agneau méditerranéen

Pour **4 personnes**
Préparation **15 minutes**
Cuisson **30 minutes**

2 c. à s. d'**huile d'olive**
500 g de **filet d'agneau** découpé très finement
1 **oignon rouge** haché
1 grosse **aubergine** (environ 375 g) coupée en petits morceaux
2 gousses d'**ail** écrasées
400 g de **tomates concassées** en boîte
2 c. à s. de **concentré de tomate**
1 c. à c. de **cassonade**
150 ml de **bouillon de légumes**
sel et **poivre**

Pesto
½ botte d'**oignons nouveaux** épluchés et grossièrement hachés
50 g de **parmesan** émietté
2 c. à c. de **vinaigre de vin** ou de **jus de citron**
3 c. à s. d'**huile d'olive**

Faites chauffer 1 cuillerée à soupe d'huile d'olive dans une grande cocotte et faites-y revenir l'agneau 5 minutes. Retirez l'agneau de la cocotte et réservez.

Faites chauffer le reste de l'huile dans la cocotte, puis faites dorer l'oignon et l'aubergine 5 minutes. Ajoutez l'ail, les tomates, le concentré de tomate, la cassonade, le bouillon de légumes, et portez à ébullition. Laissez frémir 5 minutes à couvert.

Remettez l'agneau dans la cocotte, en le mélangeant avec les légumes. Poursuivez la cuisson 15 minutes à feu doux. Salez et poivrez.

Pour le pesto, mixez les oignons nouveaux avec le parmesan, le vinaigre de vin ou le jus de citron et l'huile d'olive. Dressez le pesto dans un bol.

Servez l'agneau dans des assiettes creuses, garni de pesto.

Pour des légumes méditerranéens, épluchez 2 grosses courgettes et coupez-les en morceaux. Évidez et épépinez 2 poivrons rouges. Faites dorer l'oignon et l'aubergine comme ci-dessus. Ajoutez les courgettes, les poivrons, et poursuivez la cuisson 5 minutes. Incorporez le reste des ingrédients (sans l'agneau), avec 125 g d'olives noires. Prolongez la cuisson de 15 à 20 minutes. Pour préparer le pesto, remplacez les oignons nouveaux par 1 grosse poignée de feuilles de basilic et ajoutez 1 cuillerée à soupe de pignons de pin en mixant. Servez les légumes chauds, garnis de pesto.

navarin de légumes de printemps

Pour **4 personnes**
Préparation **10 minutes**
Cuisson **25 minutes**

250 g de **petites fèves**, décongelées si surgelées
175 g de **pois gourmands** parés
175 g d'**asperges** épluchées et coupées en tronçons de 2 ou 3 cm
75 g de **beurre**
8 **oignons nouveaux** émincés
2 gousses d'**ail** hachées
1 litre de **bouillon de poulet** ou **de légumes**
1 branche de **thym**
15 **oignons grelots** pelés
3 petits **navets** coupés en quartiers
250 g de petites **carottes**
1 ½ c. à s. de **jus de citron**
cerfeuil ou **persil** ciselé
sel et **poivre**

Blanchissez les fèves (si elles sont fraîches), les pois gourmands et les asperges 2 ou 3 minutes dans une casserole d'eau bouillante salée. Plongez-les aussitôt dans un saladier d'eau glacée. Égouttez et réservez. Pelez les fèves.

Faites fondre le beurre dans une grande cocotte sur feu doux, puis faites revenir les oignons nouveaux et l'ail 3 minutes. Ajoutez le bouillon et le thym. Portez à ébullition, puis incorporez les oignons grelots. Laissez frémir 5 minutes à couvert.

Ajoutez les navets. Portez de nouveau à ébullition et laissez frémir 6 à 8 minutes. Incorporez les carottes et poursuivez la cuisson 5 ou 6 minutes. Salez, poivrez et arrosez de jus de citron. Ajoutez les fèves, les pois gourmands, les asperges, et laissez chauffer. Garnissez le navarin d'herbes ciselées avant de servir.

Pour un navarin d'agneau, blanchissez les fèves, les pois gourmands et les asperges. Faites chauffer 75 g de beurre dans une grande cocotte. Faites dorer 4 côtes d'agneau 2 minutes de chaque côté, avec l'ail ; ne mettez pas d'oignons nouveaux. Ajoutez le bouillon, le thym, et portez à ébullition. Incorporez les oignons grelots, 225 g de pommes de terre nouvelles grattées à la place des navets, et les carottes, en laissant frémir 5 minutes. Poursuivez la cuisson 15 minutes. Ajoutez 125 g de petits poireaux épluchés 5 minutes avant la fin de la cuisson. Ajoutez les fèves, les pois gourmands et les asperges. Garnissez le navarin de cerfeuil ciselé avant de servir.

cocotte de haricots

Pour **4 personnes**
Préparation **10 minutes**
Cuisson **30 minutes**

2 c. à s. d'**huile végétale**
1 gros **oignon rouge** finement haché
4 branches de **céleri** finement hachées
2 gousses d'**ail** écrasées
400 g de **tomates concassées** en boîte
300 ml de **bouillon de légumes**
2 c. à s. de **sauce soja foncée**
2 c. à s. de **cassonade**
4 c. à c. de **moutarde**
800 g d'un **mélange de haricots** en boîte, égouttés et rincés
4 c. à s. de **persil** ciselé
toasts beurrés pour servir

Faites chauffer l'huile dans une grande casserole et faites revenir l'oignon 5 minutes à feu doux. Incorporez le céleri, l'ail, et faites-les sauter 1 ou 2 minutes.

Ajoutez les tomates, le bouillon de légumes, la sauce soja, et portez à ébullition. Laissez frémir 15 minutes, jusqu'à ce que la sauce commence à épaissir.

Incorporez la cassonade, la moutarde, les haricots, et laissez chauffer 5 minutes. Parsemez de persil ciselé, puis servez la préparation sur des toasts beurrés.

Pour des haricots au bacon et au fromage grillé, faites revenir l'oignon, le céleri et l'ail 5 minutes comme ci-dessus, avec 125 g de bacon grossièrement haché. Ajoutez les tomates. Remplacez le bouillon de légumes et la sauce soja par 6 cuillerées à soupe de purée de tomate et 4 cuillerées à soupe d'eau. Laissez frémir comme ci-dessus. Incorporez la cassonade, la moutarde, les haricots, et laissez chauffer comme ci-dessus. Servez la préparation sur des toasts. Ajoutez 25 g de gruyère râpé sur chaque portion et laissez dorer 2 ou 3 minutes sous le gril. Servez sans attendre.

paella au poulet et au citron

Pour **4 personnes**
Préparation **10 minutes**
Cuisson **30 à 40 minutes**

2 c. à s. d'**huile d'olive**
500 g de **cuisses de poulet** désossées et sans la peau, coupées en dés
2 **oignons** émincés
3 gousses d'**ail** écrasées
1 **poivron rouge** évidé, épépiné et grossièrement haché
200 g de **riz à long grain**
4 c. à s. de **xérès sec**
450 ml de **bouillon de poulet**
200 g de **petits pois** surgelés
le **zeste** râpé et le **jus** de 1 **citron**
branches de **thym** pour décorer
quartiers de **citron** pour servir
sel et **poivre**

Faites chauffer 1 cuillerée à café d'huile d'olive dans une grande poêle sur feu moyen et faites dorer les morceaux de poulet 4 à 6 minutes. Retirez-les de la poêle et versez-y le reste de l'huile. Faites revenir les oignons 10 minutes à feu moyen. Ajoutez l'ail, le poivron rouge, et poursuivez la cuisson 3 minutes.

Versez le riz, le xérès et le bouillon de poulet. Remettez le poulet dans la poêle et laissez frémir 10 à 15 minutes.

Incorporez les petits pois et prolongez la cuisson de 2 ou 3 minutes, jusqu'à ce que le liquide se soit évaporé. Ajoutez le zeste et le jus de citron, salez et poivrez. Décorez la paella de branches de thym et servez avec des quartiers de citron.

Pour une paella au poulet, au chorizo et aux crevettes, faites dorer le poulet comme ci-dessus. Laissez-le dans la poêle et ajoutez les oignons, l'ail, le poivron rouge, ainsi que 175 g de chorizo émincé. Faites cuire comme ci-dessus. Versez le riz, le xérès et le bouillon de poulet (laissez les petits pois de côté), puis laissez frémir 10 à 15 minutes. Incorporez le zeste et le jus de citron, avec 125 g de crevettes, et prolongez la cuisson de 2 ou 3 minutes. Ajoutez 6 cuillerées à soupe de persil ciselé. Salez, poivrez et servez bien chaud.

curry de légumes

Pour **4 personnes**
Préparation **10 minutes**
Cuisson **20 à 25 minutes**

1 c. à s. d'**huile d'olive**
1 **oignon** haché
1 gousse d'**ail** écrasée
2 c. à s. de **pâte de curry de force moyenne**
1,5 kg d'un **mélange de légumes** préparés (**courgettes**, **poivrons**, **courge**, **champignons**, **haricots verts** par exemple)
200 g de **tomates concassées** en boîte
400 ml de **lait de coco** en boîte
2 c. à s. de **feuilles de coriandre** ciselées
riz pour servir

Faites chauffer l'huile d'olive dans une grande casserole, puis faites revenir l'oignon et l'ail 2 minutes. Ajoutez la pâte de curry et remuez pendant 1 minute.

Incorporez les légumes et faites-les sauter 2 ou 3 minutes. Incorporez les tomates et le lait de coco. Portez à ébullition, puis laissez frémir 12 à 15 minutes à couvert, jusqu'à ce que tous les légumes soient cuits. Ajoutez la coriandre puis servez avec du riz.

Pour un curry de poulet à la mangue, coupez 500 g de blancs de poulet en cubes. Faites chauffer l'huile d'olive puis faites revenir l'oignon, l'ail et le poulet 5 minutes, en ajoutant la pâte de curry à la fin. Dénoyautez 2 mangues et détaillez la chair en cubes. Ajoutez-les dans la casserole et faites-les sauter 1 minute. Incorporez les tomates et le lait de coco, puis laissez frémir 12 à 15 minutes à couvert. Ajoutez la coriandre puis servez avec du riz.

viandes & volailles

roulades de poulet

Pour **4 personnes**
Préparation **10 minutes**
Cuisson **20 minutes**

4 **blancs de poulet** d'environ 150 g chacun
4 tranches de **jambon de Parme**
4 fines tranches de **mozzarella de bufflonne**
4 **pointes d'asperge** + un supplément pour servir
75 g de **farine**
1 c. à s. d'**huile d'olive**
50 g de **beurre**
50 ml de **vin blanc sec**
75 ml de **bouillon de poulet**
200 g de **jeunes pousses d'épinard**
200 g de **tomates séchées à l'huile** égouttées
sel et **poivre**

Placez chaque blanc de poulet entre 2 feuilles de papier sulfurisé. Aplatissez-les à l'aide d'un rouleau à pâtisserie pour obtenir des escalopes 2 fois et demie plus grandes.

Salez et poivrez les escalopes de poulet. Garnissez-les avec 1 tranche de jambon de Parme, 1 tranche de mozzarella et 1 pointe d'asperge. Roulez les escalopes et maintenez le tout avec de la ficelle de cuisine.

Salez et poivrez la farine, et enrobez-en les rouleaux de poulet. Faites chauffer l'huile d'olive et la moitié du beurre dans une poêle. Faites cuire les rouleaux de poulet 15 minutes à feu doux, en les retournant.

Gardez les rouleaux au chaud. Versez le vin blanc et le bouillon dans la poêle. Portez à ébullition, puis laissez frémir 3 minutes. Incorporez le reste du beurre dans la poêle à l'aide d'un fouet. Ajoutez les jeunes pousses d'épinard, les tomates séchées, le supplément de pointes d'asperge, et faites revenir 2 minutes.

Retirez la ficelle juste avant de servir. Coupez les rouleaux en tranches et servez sur les légumes.

Pour des roulades de poulet au fromage et aux tomates, préparez les blancs de poulet comme ci-dessus. Garnissez chaque escalope avec 50 g de fromage de chèvre frais, 4 feuilles de basilic et 3 tomates séchées. Formez des rouleaux et maintenez-les avec de la ficelle de cuisine. Faites cuire comme ci-dessus. Servez avec des haricots verts fins, rehaussés de beurre au citron.

côtes d'agneau kashmiries

Pour **4 personnes**
Préparation **10 minutes**
+ marinade
Cuisson **8 à 12 minutes**

150 ml de **yaourt nature**
1 c. à c. de **piment en poudre**
2 c. à c. de **gingembre frais** râpé
2 gousses d'**ail** écrasées
2 c. à s. de **coriandre** ciselée
1 c. à s. d'**huile de tournesol** + un peu pour la poêle
8 **côtes d'agneau dans le filet**
sel et **poivre**

Pour servir
riz pilaf
salade de tomates cerises, oignon et coriandre

Dans un grand saladier, mélangez le yaourt avec le piment, le gingembre, l'ail, la coriandre et l'huile de tournesol. Salez et poivrez.

Enrobez soigneusement les côtes d'agneau avec cette préparation. Couvrez et laissez mariner au moins 3 heures (si possible 10 heures) au réfrigérateur.

Posez les côtes d'agneau sur une poêle-gril huilée. Faites-les cuire 4 à 6 minutes de chaque côté sous le gril préchauffé, à chaleur vive. Servez les côtes d'agneau avec du riz pilaf et une salade de tomates cerises, d'oignon et de coriandre.

Pour des brochettes d'agneau aux abricots, coupez 375 g de filet d'agneau en cubes. Préparez la marinade et laissez l'agneau mariner comme ci-dessus. Enfilez les morceaux d'agneau sur des brochettes, en les alternant avec des quartiers d'oignon rouge et des abricots secs. Faites cuire les brochettes 4 à 6 minutes de chaque côté sur le barbecue, dans une poêle-gril ou sous le gril. Servez avec du riz brun.

burgers épicés

Pour **4 personnes**
Préparation **10 minutes**
Cuisson **6 à 14 minutes**

575 g de **bœuf haché**
2 gousses d'**ail** écrasées
1 **oignon rouge** finement haché
1 **piment rouge fort** finement haché
1 botte de **persil** ciselée
1 c. à s. de **sauce Worcestershire**
1 **œuf** battu
4 petits **pains à hamburgers** coupés en deux
feuilles de **roquette**
1 grosse **tomate** coupée en rondelles
sel et **poivre**

Pour servir
condiment pour hamburgers
pommes de terre nouvelles grillées

Dans un saladier, mélangez le bœuf haché avec l'ail, l'oignon rouge, le piment rouge et le persil. Ajoutez la sauce Worcestershire et l'œuf battu. Salez, poivrez et mélangez bien.

Faites chauffer une poêle-gril. Divisez la préparation en 4 portions pour façonner des galettes. Faites-les cuire dans la poêle-gril 3 minutes de chaque côté si vous aimez le bœuf saignant, 5 ou 7 minutes si vous le préférez à point ou bien cuit.

Faites griller un côté des moitiés de petit pain sous le gril préchauffé à chaleur vive. Garnissez chaque petit pain avec des feuilles de roquette, des rondelles de tomate et 1 galette. Servez avec un condiment et des pommes de terre grillées.

Pour des hamburgers au porc et à la pomme, dans un saladier, mélangez 575 g de porc haché avec l'ail, l'oignon rouge, le piment rouge et le persil. Pelez 1 petite pomme. Évidez-la et coupez-la en petits morceaux au-dessus du saladier. Laissez de côté la sauce Worcestershire, mais ajoutez l'œuf dans le saladier. Salez et poivrez généreusement. Façonnez des hamburgers avec la préparation et faites-les griller. Pendant qu'ils sont encore chauds, râpez dessus un peu de gruyère et servez-les dans les petits pains, comme ci-dessus.

saucisses et purée à la moutarde

Pour **4 personnes**
Préparation **5 minutes**
Cuisson **25 minutes**

8 **saucisses**
2 **oignons** coupés en quartiers
2 **pommes à cuire** évidées et coupées en quartiers
1 c. à s. de **farine**
200 ml de **bouillon de poulet**

Purée à la moutarde
1 kg de **pommes de terre** pelées et coupées en quatre
75 g de **beurre**
1 ou 2 c. à s. de **moutarde à l'ancienne**
1 gousse d'**ail** écrasée
1 grosse botte de **persil** ciselée
un filet d'**huile d'olive**
sel et **poivre**

Faites cuire les pommes de terre à l'eau pendant 15 minutes.

Faites cuire les saucisses 10 minutes à feu moyen dans une poêle, en les retournant. Ajoutez les quartiers d'oignon et de pomme, puis prolongez la cuisson de 6 à 7 minutes.

Égouttez les pommes de terre, pelez-les et écrasez-les. Ajoutez le beurre, la moutarde, l'ail, du sel et du poivre. Mélangez. Ajoutez le persil et l'huile d'olive.

Posez les saucisses, les quartiers d'oignon et de pomme sur un plat. Videz la graisse de la poêle, à l'exception de 1 cuillerée à soupe, pour la mélanger avec la farine. Versez le bouillon de poulet. Portez à ébullition et laissez épaissir la sauce en remuant. Salez, poivrez et filtrez au-dessus d'une saucière.

Dressez la purée sur des assiettes. Déposez les saucisses dessus, avec les quartiers d'oignon et de pomme. Arrosez de sauce avant de servir.

Pour une purée au fromage et aux poireaux, émincez 2 poireaux moyens. Faites chauffer 50 g de beurre dans une poêle, puis faites cuire les poireaux 5 ou 6 minutes à feu doux. Réservez. Faites cuire les pommes de terre comme ci-dessus, puis écrasez-les. Remplacez l'ail par 125 g de gruyère râpé. Mélangez. Incorporez les poireaux dans la purée, salez et poivrez. Servez avec les saucisses.

poulet grillé et salsa d'oignon rouge

Pour **4 personnes**
Préparation **10 minutes**
+ marinade
Cuisson **18 minutes**

2 c. à s. de **sauce soja foncée**
2 c. à c. d'**huile de sésame**
1 c. à s. d'**huile d'olive**
2 c. à c. de **miel liquide**
1 pincée de **flocons de piment**
4 **blancs de poulet** d'environ 200 g chacun

Salsa
1 **oignon rouge** coupé en dés
1 petite gousse d'**ail** écrasée
1 botte de **coriandre** grossièrement hachée
6 c. à s. d'**huile d'olive**
le **zeste** râpé et le **jus** de 1 **citron**
1 c. à c. de **cumin en poudre**
sel et **poivre**

Pour servir
couscous
tomate en dés

Dans un plat, mélangez la sauce soja, l'huile de sésame, l'huile d'olive, le miel et les flocons de piment. Ajoutez les blancs de poulet. Couvrez et laissez mariner 3 ou 4 heures au réfrigérateur.

Préchauffez une poêle-gril à feu vif. Saisissez les blancs de poulet, puis faites-les cuire 8 minutes de chaque côté à feu moyen. Enveloppez-les dans une feuille d'aluminium et laissez-les reposer 5 minutes.

Pendant ce temps, mélangez les ingrédients de la salsa. Salez, poivrez et laissez reposer.

Filtrez le jus de la marinade au-dessus d'une petite casserole et portez à ébullition. Retirez aussitôt du feu.

Servez le poulet avec du couscous mélangé aux dés de tomate, la salsa et la marinade chaude.

Pour du saumon à la salsa de mangue et de piment, préparez la marinade comme ci-dessus. Laissez mariner 4 filets de saumon de 175 g 2 heures à température ambiante, puis faites-les griller 2 ou 3 minutes de chaque côté. Coupez ½ mangue en petits dés. Préparez la salsa comme ci-dessus, mais avec ½ oignon rouge et sans l'ail. Ajoutez la mangue. Émincez un piment oiseau pour le mélanger à la salsa. Servez le saumon chaud avec la salsa.

agneau, betteraves et lentilles

Pour **4 personnes**
Préparation **5 minutes**
Cuisson **20 minutes**

125 g de **lentilles du Puy**
125 g de **haricots verts fins**
4 c. à s. d'**huile d'olive**
2 morceaux de **filet d'agneau** d'environ 300 g chacun
4 c. à s. de **vin rouge**
1 c. à s. de **vinaigre de vin rouge**
375 g de **betteraves** cuites, égouttées et coupées en dés
1 petite botte de **menthe** grossièrement hachée
sel et **poivre**

Mettez les lentilles dans une casserole, couvrez-les d'eau froide et portez à ébullition. Laissez frémir 20 minutes. Égouttez les lentilles et transvasez-les dans un saladier.

Blanchissez les haricots verts 2 ou 3 minutes dans une casserole d'eau bouillante salée. Plongez-les aussitôt dans un saladier d'eau glacée. Égouttez-les.

Faites chauffer 1 cuillerée à soupe d'huile d'olive dans une poêle et faites cuire l'agneau 7 minutes, en le retournant 1 fois. Enfournez-le pour 5 minutes à 150 °C, en réservant le jus de cuisson.

Versez le vin rouge dans la poêle et faites réduire le liquide pour en recueillir 1 cuillerée à soupe. Ajoutez le vinaigre et le reste de l'huile d'olive hors du feu, en fouettant. Salez et poivrez.

Dans un saladier, mélangez les lentilles avec les haricots verts, les betteraves et la menthe. Versez l'assaisonnement et remuez. Découpez l'agneau et servez.

Pour une salade de lentilles du Puy aux lardons, faites chauffer 1 cuillerée à soupe d'huile d'olive dans une grande poêle, puis faites revenir 3 ou 4 minutes 1 gros oignon haché. Ajoutez 125 g de lardons et laissez-les dorer 3 ou 4 minutes. Incorporez les lentilles et 300 ml de bouillon de poulet. Portez à ébullition, puis laissez frémir 20 minutes à couvert, en ajoutant de l'eau si besoin. Blanchissez les haricots verts comme ci-dessus et plongez-les dans de l'eau glacée. Mélangez les haricots avec les lentilles chaudes.

steaks à la mozzarella

Pour **4 personnes**
Préparation **10 minutes**
Cuisson **18 à 22 minutes**

2 c. à s. d'**huile végétale**
4 **steaks** de 250 g chacun dans le rumsteck ou le filet
2 c. à s. d'**huile d'olive**
1 **oignon** finement haché
1 gousse d'**ail** écrasée
1 **courgette** coupée en dés
1 **poivron jaune** évidé, épépiné et coupé en dés
1 **aubergine** coupée en dés
6 **tomates olivette** pelées et coupées en dés
10 feuilles de **basilic** ciselées
4 tranches épaisses de **mozzarella**
branches de **basilic** ou de **persil plat** pour décorer
sel et **poivre**

Faites chauffer l'huile dans une poêle sur feu moyen et faites cuire les steaks 2 à 4 minutes de chaque côté. Salez et poivrez. Retirez les steaks de la poêle et gardez-les au chaud.

Versez l'huile d'olive dans la poêle puis faites dorer l'oignon et l'ail. Ajoutez la courgette, le poivron jaune, l'aubergine, et prolongez la cuisson de quelques minutes. Incorporez les tomates. Salez et poivrez avant d'ajouter les feuilles de basilic.

Mettez les steaks sur une plaque de cuisson. Garnissez chaque steak avec ¼ des légumes et 1 tranche de mozzarella. Faites-les cuire 5 minutes dans le four préchauffé à 200 °C, jusqu'à ce que la mozzarella commence à fondre. Décorez de 1 branche de basilic ou de persil avant de servir.

Pour des dos de cabillaud au gruyère, arrosez de jus de citron 4 dos de cabillaud de 175 g chacun. Salez et poivrez. Préparez les légumes comme ci-dessus. Mettez les dos de cabillaud sur une plaque de cuisson graissée. Garnissez-les de légumes et de tranches épaisses de gruyère. Enfournez pour 15 minutes comme ci-dessus, jusqu'à ce que le poisson soit opaque et le fromage fondu.

rôti de porc au fenouil

Pour **4 personnes**
Préparation **10 minutes**
Cuisson **30 minutes**

625 g de **porc dans le filet**
1 grosse branche de **romarin** coupée en petits morceaux + quelques branches pour décorer
3 gousses d'**ail** pelées et émincées
4 c. à s. d'**huile d'olive**
1 gros **bulbe de fenouil** épluché, évidé et coupé en quartiers
1 gros **oignon rouge** coupé en quartiers
1 gros **poivron rouge** coupé en deux, épépiné et coupé en morceaux
150 ml de **vin blanc**
75 g de **mascarpone** (facultatif)
sel et **poivre**

Pratiquez des entailles à la surface du porc, remplissez-les de romarin et de lamelles d'ail. Faites chauffer la moitié de l'huile d'olive dans un plat allant au four et faites rissoler le porc 5 minutes.

Ajoutez le fenouil, l'oignon et le poivron dans le plat. Arrosez-les avec le reste de l'huile, salez et poivrez. Enfournez pour 20 minutes dans le four préchauffé à 230 °C.

Mettez le porc et les légumes sur un plat et gardez-les au chaud dans le four. Versez le vin blanc dans le plat de cuisson et laissez-le réduire légèrement, à petit feu, sur la cuisinière. Incorporez éventuellement le mascarpone.

Découpez le rôti de porc en tranches. Dressez-les sur des assiettes, avec les légumes et 1 ou 2 cuillerées à soupe de sauce. Garnissez de branches de romarin avant de servir.

Pour un rôti de porc aux pommes et au cidre, préparez le porc comme ci-dessus et faites-le rissoler. Coupez 6 pommes de couleur variée en tranches épaisses. Faites chauffer 50 g de beurre et 1 cuillerée à soupe d'huile d'olive dans une grande poêle. Faites dorer l'oignon rouge, le poivron rouge et les pommes 4 ou 5 minutes à feu moyen. Mettez-les dans un plat à four, posez le porc dessus et enfournez pour 20 minutes à 230 °C. Préparez la sauce en remplaçant le vin blanc par 150 ml de cidre. Laissez-le réduire, ajoutez le mascarpone et 1 cuillerée à café de moutarde. Salez, poivrez et servez comme ci-dessus.

poulet aux noix de cajou

Pour **4 personnes**
Préparation **10 minutes**
Cuisson **20 minutes**

1 **oignon** grossièrement haché
4 c. à s. de **purée de tomate**
50 g de **noix de cajou**
2 c. à c. de **garam masala**
2 gousses d'**ail** écrasées
1 c. à s. de **jus de citron**
¼ de c. à c. de **curcuma**
2 c. à c. de **sel**
1 c. à s. de **yaourt nature**
2 c. à s. d'**huile végétale**
3 c. à s. **de feuilles de coriandre** ciselées + quelques feuilles pour décorer
50 g d'**abricots secs** hachés
500 g de **cuisses de poulet** sans la peau, désossées et coupées en petits morceaux
300 ml de **bouillon de poulet**
noix de cajou grillées pour décorer

Pour servir
riz
pappadums

Mixez l'oignon avec la purée de tomate, les noix de cajou, le garam masala, l'ail, le jus de citron, le curcuma, le sel et le yaourt, jusqu'à obtention d'un mélange homogène.

Faites chauffer l'huile dans une poêle antiadhésive et faites revenir le mélange précédent 2 minutes à feu moyen. Ajoutez la moitié des feuilles de coriandre, les abricots secs, le poulet, et faites cuire le tout 1 minute.

Versez le bouillon de poulet et laissez frémir 10 à 12 minutes à couvert. Ajoutez le reste de la coriandre. Décorez le poulet de noix de cajou et de coriandre, puis servez avec du riz et des pappadums.

Pour des crevettes aux noix de cajou et aux pois mange-tout, préparez le mélange aux épices et au yaourt comme ci-dessus, puis faites-le revenir 2 minutes à feu moyen. Ajoutez la moitié de la coriandre, mais remplacez le poulet et les abricots secs par 300 g de crevettes et 175 g de pois mange-tout coupés en deux. Faites sauter 1 ou 2 minutes, puis versez le bouillon de poulet. Laissez frémir à couvert comme ci-dessus. Décorez la préparation de coriandre et de noix de cajou avant de servir.

keema aloo

Pour **4 personnes**
Préparation **10 minutes**
Cuisson **15 à 20 minutes**

1 c. à s. d'**huile végétale**
4 gousses de **cardamome**
1 **bâton de cannelle**
3 **clous de girofle**
2 **oignons** finement hachés
375 g d'**agneau** haché
2 c. à c. de **garam masala**
2 c. à c. de **piment en poudre**
2 gousses d'**ail** écrasées
2 c. à c. de **gingembre frais** râpé
2 c. à c. de **sel**
200 g de **pommes de terre** coupées en cubes de 1 cm de côté
200 g de **tomates concassées** en boîte
100 ml d'**eau chaude**
4 c. à s. de **feuilles de coriandre** ciselées
riz ou **pain plat** pour servir

Faites chauffer l'huile dans une poêle antiadhésive. Faites revenir les gousses de cardamome, le bâton de cannelle et les clous de girofle 1 minute. Ajoutez les oignons et faites-les frire 3 ou 4 minutes.

Ajoutez l'agneau dans la poêle, avec le garam masala, le piment en poudre, l'ail, le gingembre et le sel. Remuez soigneusement pour séparer les morceaux d'agneau et faites sauter le tout 5 à 7 minutes.

Ajoutez les pommes de terre, les tomates et l'eau chaude. Laissez frémir 5 minutes à couvert, jusqu'à ce que les pommes de terre soient tendres.

Incorporez la coriandre et servez avec du riz ou du pain plat.

Pour un curry d'aubergine, hachez finement 1 grosse aubergine. Faites revenir les épices et les oignons comme ci-dessus. Laissez l'agneau de côté. Versez 3 cuillerées à soupe d'huile dans la poêle et faites sauter l'aubergine 5 à 7 minutes. Ajoutez les épices, les pommes de terre, les tomates, l'eau chaude, puis laissez frémir comme ci-dessus. Incorporez 400 g d'épinards lavés 3 minutes avant la fin de la cuisson. Ajoutez la coriandre et servez avec du riz et du pain naan chaud.

bœuf stroganoff

Pour **4 personnes**
Préparation **10 minutes**
Cuisson **15 minutes**

50 g de **beurre**
3 **oignons** finement hachés
250 g de **champignons de Paris** émincés
1 **poivron vert** épépiné et coupé en fines lanières
500 g de **filet de bœuf** ou de **rumsteck** coupé en lanières de 5 cm de long et 5 mm d'épaisseur
150 ml de **crème fraîche**
1 c. à c. de **persil** ciselé pour décorer
sel et **poivre**

Faites fondre la moitié du beurre dans une grande sauteuse et faites-y blondir les oignons. Ajoutez les champignons, le poivron vert, et faites-les revenir 5 minutes. Retirez les oignons, les champignons et le poivron vert de la sauteuse.

Faites fondre le reste du beurre dans la sauteuse. Faites sauter les lanières de bœuf 4 minutes, jusqu'à ce qu'elles soient uniformément dorées.

Remettez les oignons, les champignons et le poivron dans la sauteuse. Salez, poivrez puis incorporez la crème fraîche. Faites chauffer sans laisser bouillir. Décorez de persil ciselé.

Pour des champignons stroganoff, faites blondir les oignons dans le beurre comme ci-dessus. Coupez en deux ou en quatre 750 g de champignons mélangés (sauvages et de Paris, pleurotes, shiitakés), ou laissez-les entiers s'ils sont petits. Ajoutez-les dans la sauteuse. Laissez le poivron vert de côté et faites cuire les champignons 4 minutes à feu vif. Versez 1 cuillerée à soupe de cognac dans la sauteuse, puis 300 ml de crème fraîche relevée de 1 cuillerée à soupe de moutarde. Laissez chauffer 1 minute, sans cesser de remuer. Décorez de persil avant de servir avec du riz.

porc aigre-doux

Pour **4 personnes**
Préparation **10 minutes**
Cuisson **10 minutes**

2 c. à s. d'**huile végétale**
300 g de **filet de porc** coupé en fines tranches
1 gros **oignon** émincé
2 **tomates** coupées en quatre
½ **concombre** coupé en morceaux
125 g d'**ananas** en morceaux en boîte, égoutté
1 **poivron vert** ou **rouge** évidé, épépiné et émincé
300 ml de **sauce aigre-douce** prête à l'emploi
riz ou **nouilles** pour servir

Faites chauffer l'huile dans un wok ou une grande poêle, puis faites revenir le porc et l'oignon 2 ou 3 minutes à feu vif, jusqu'à ce qu'ils commencent à dorer.

Incorporez les tomates, le concombre, l'ananas, le poivron, et faites sauter le tout 3 minutes.

Ajoutez la sauce aigre-douce sans cesser de remuer pendant 1 minute. Servez avec du riz ou des nouilles.

Pour des boulettes de porc aigres-douces, dans un saladier, mélangez 250 g de porc haché avec 1 cuillerée à café de cinq-épices en poudre et 2 cuillerées à café de gingembre frais finement râpé. Façonnez 16 boulettes de la taille d'une noix avec la préparation et mettez pour 10 minutes au réfrigérateur. Préparez une pâte avec 75 g de farine, 4 cuillerées à soupe de fécule de maïs, 2 cuillerées à café de levure chimique et 1 pincée de sel. Ajoutez 175 ml d'eau et 1 cuillerée à soupe d'huile de sésame en fouettant pour obtenir une pâte lisse. Remplissez une poêle moyenne d'huile végétale, à mi-hauteur, et faites-la chauffer jusqu'à ce qu'un morceau de pain dore en 30 secondes. Plongez les boulettes dans la pâte, puis dans l'huile chaude, et faites-les cuire 2 ou 3 minutes, jusqu'à ce qu'elles soient dorées. Retirez-les du bain d'huile à l'aide d'une écumoire et égouttez-les sur du papier absorbant. Faites sauter les autres ingrédients comme ci-dessus (sauf le filet de porc), en ajoutant les boulettes frites en fin de cuisson.

poulet à la purée de piments

Pour **4 personnes**
Préparation **5 minutes**
Cuisson **25 minutes**

4 **blancs de poulet** d'environ 125 g chacun
nouilles de riz pour servir
feuilles de coriandre pour décorer

Purée de piments
125 g de **piments rouges** évidés, épépinés et hachés
1 gousse d'**ail** écrasée
1 **oignon** haché
1 morceau de **gingembre** de 5 cm pelé et haché
125 ml de **vinaigre blanc**
500 g de **sucre en poudre**

Pour préparer la purée de piments, mettez tous les ingrédients dans une petite casserole. Portez à ébullition et laissez frémir 15 minutes. La préparation doit présenter la consistance d'une confiture et épaissir en refroidissant.

Pendant ce temps, faites chauffer une poêle-gril et faites cuire les blancs de poulet 10 minutes. Retournez-les et poursuivez la cuisson 10 minutes.

Pour servir, détaillez les blancs de poulet en fines tranches. Posez-les sur un lit de nouilles, garnissez-les de purée de piments et décorez-les de feuilles de coriandre. La purée de piments se conserve 1 semaine au réfrigérateur, dans un récipient hermétique. Elle accompagnera à merveille d'autres viandes grillées.

Pour des sandwichs chauds de poulet à la purée de piments, faites griller 4 tranches de pain complet ou aux céréales. Tartinez 2 tranches avec 1 cuillerée à soupe de purée de piments, les 2 autres avec 1 cuillerée à soupe de mayonnaise. Faites griller les blancs de poulet comme ci-dessus et détaillez-les en fines tranches. Posez-les sur la purée de piment et garnissez-les de feuilles de coriandre. Couvrez avec les tranches tartinées de mayonnaise, appuyez délicatement sur les sandwichs et découpez-les en triangles. Servez chaud.

bœuf aux mandarines

Pour **4 personnes**
Préparation **environ 15 minutes** + congélation, trempage et marinade
Cuisson **15 minutes**

500 g de **rumsteck**
3 c. à s. d'**huile d'arachide**
4 **échalotes** coupées en quartiers dans le sens de la longueur
200 ml de **bouillon de bœuf**
2 c. à s. de **sauce soja**
2 c. à s. de **vin de riz chinois** ou de **xérès sec**
3 **mandarines** pelées et détaillées en segments
1 **piment vert** épépiné et très finement haché
1 ou 2 c. à c. de **sucre en poudre**
½ botte de **coriandre** grossièrement hachée pour décorer
sel et **poivre**

Marinade
2 morceaux de **zeste d'agrume séché** ou le **zeste** râpé de 1 **orange**
2 c. à s. de **sauce soja**
1 c. à s. de **vinaigre de vin de riz**
1 c. à s. de **fécule de maïs**
1 c. à c. de **sucre en poudre**

Enveloppez le bœuf dans du film alimentaire et placez-le pour 1 ou 2 heures au congélateur. Pendant ce temps, faites tremper le zeste d'agrume séché 30 minutes dans de l'eau chaude, pour la marinade. Égouttez-le et hachez-le finement.

Sortez le bœuf du congélateur et découpez-le en fines lamelles en travers des fibres. Mettez-les dans un plat. Mélangez tous les ingrédients de la marinade en fouettant. Versez-la sur le bœuf. Laissez le bœuf mariner 30 minutes à température ambiante, jusqu'à ce qu'il soit complètement décongelé.

Préchauffez un wok ou une grande poêle. Faites chauffer 1 cuillerée à soupe d'huile. Faites sauter la moitié du bœuf 3 minutes à feu vif. Posez-le sur une assiette à l'aide d'une écumoire. Ajoutez 1 cuillerée à soupe d'huile dans le wok et procédez de même avec le reste du bœuf.

Faites chauffer le reste de l'huile dans le wok. Ajoutez les échalotes, le bouillon de bœuf, la sauce soja, le vin de riz ou le xérès, ainsi que le jus des mandarines. Parsemez de piment, saupoudrez de sucre, salez et poivrez. Portez à ébullition sans cesser de remuer, puis faites réduire la sauce pendant 5 minutes.

Remettez le bœuf dans le wok et remuez 1 ou 2 minutes pour l'enrober de sauce. Ajoutez $^2/_3$ des segments de mandarine et remuez rapidement. Vérifiez l'assaisonnement. Décorez avec le reste des mandarines et la coriandre avant de servir.

chorizo aux pois chiches

Pour **4 personnes**
Préparation **5 minutes**
Cuisson **25 minutes**

500 g de **pommes de terre nouvelles**
1 c. à c. d'**huile d'olive**
2 **oignons rouges** hachés
2 **poivrons rouges** évidés, épépinés et hachés
100 g de **chorizo** émincé
500 g de **tomates olivette** concassées ou 400 g de **tomates concassées** en boîte, égouttées
400 g de **pois chiches** en boîte, égouttés et rincés
2 c. à s. de **persil** ciselé pour décorer
pain à l'ail pour servir

Faites cuire les pommes de terre 12 à 15 minutes dans une grande casserole d'eau bouillante. Égouttez-les, puis coupez-les en rondelles.

Pendant ce temps, faites chauffer l'huile d'olive dans une grande poêle, puis faites revenir les oignons et les poivrons 3 ou 4 minutes. Ajoutez le chorizo et faites-le dorer 2 minutes.

Incorporez les rondelles de pomme de terre, les tomates et les pois chiches. Portez à ébullition, puis laissez frémir 10 minutes. Décorez de persil et servez avec du pain à l'ail chaud.

Pour des saucisses aux haricots, faites cuire les pommes de terre comme ci-dessus. Faites revenir les oignons et les poivrons dans l'huile d'olive. Remplacez le chorizo par 4 saucisses de porc et faites-les cuire 4 ou 5 minutes. Retirez-les de la poêle pour les couper en 6 morceaux chacune. Remettez-les dans la poêle, ajoutez les rondelles de pomme de terre et les tomates. Remplacez les pois chiches par 400 g de haricots blancs en boîte. Portez à ébullition et laissez frémir comme ci-dessus. Si vous aimez les saveurs piquantes, incorporez 1 piment rouge épépiné et haché avec les oignons et les poivrons.

steaks au roquefort

Pour **4 personnes**
Préparation **5 minutes**
Cuisson **7 à 10 minutes**

1 c. à s. de **grains de poivre** écrasés
1 c. à c. de **flocons de piment** (facultatif)
4 **steaks dans le rumsteck** de 175 g chacun, de 2 ou 3 cm d'épaisseur
3 c. à s. d'**huile végétale**
2 c. à s. de **crème de raifort**
175 g de **roquefort** émietté
½ c. à s. de **persil plat** ciselé + un peu pour décorer
carottes, **betteraves** ou **patates douces** pour servir

Mélangez les grains de poivre avec les flocons de piment sur une assiette, si vous utilisez ces derniers. Enrobez un côté des steaks avec le mélange.

Faites chauffer l'huile à feu vif dans une grande poêle. Ajoutez les steaks sur le côté enrobé du mélange poivre-piment et saisissez-les des 2 côtés pour les faire dorer.

Mélangez la crème de raifort avec le roquefort et le persil plat pour en garnir les steaks.

Faites cuire les steaks 2 minutes de plus pour une cuisson à point, ou 4 à 5 minutes pour des steaks bien cuits. Faites dorer légèrement la garniture au roquefort sous le gril préchauffé. Décorez de persil et servez aussitôt, avec des carottes, des betteraves ou des patates douces.

escalopes de porc à la pomme

Pour **4 personnes**
Préparation **5 minutes**
Cuisson **25 minutes**

4 **pommes de terre** moyennes farineuses, coupées en dés
1 poignée de feuilles de **sauge** hachées
2 c. à s. d'**huile d'olive**
1 c. à s. de **jus de citron**
1 c. à s. de **miel liquide**
1 grosse **pomme verte** pelée, évidée et coupée en quatre
4 **escalopes de porc** d'environ 200 g chacune
50 g de **beurre**
2 c. à s. de **lait**
1 c. à s. de **moutarde**
1 **poireau** émincé
sel et **poivre**

Faites cuire les pommes de terre dans une grande casserole d'eau bouillante salée.

Mélangez la sauge avec l'huile d'olive, le jus de citron et le miel. Salez et poivrez. Enrobez les quartiers de pomme avec la moitié du mélange. Badigeonnez les escalopes de porc avec le reste du mélange.

Faites griller les escalopes 3 ou 4 minutes de chaque côté sous le gril préchauffé. Gardez-les au chaud.

Égouttez les pommes de terre puis écrasez-les. Incorporez 40 g de beurre, le lait et la moutarde. Salez, poivrez et gardez au chaud.

Faites fondre le reste du beurre dans une poêle. Faites revenir les quartiers de pomme 2 ou 3 minutes, avec le poireau. Servez les escalopes de porc avec la purée à la moutarde, les pommes et le poireau. Arrosez le tout de jus de cuisson.

Pour de l'agneau aux abricots et purée à la moutarde, faites cuire les pommes de terre et préparez la purée à la moutarde comme ci-dessus. À la place de la sauge, mélangez 1 poignée de romarin avec l'huile d'olive, le jus de citron et le miel. Salez et poivrez. Enrobez 125 g d'abricots secs avec la moitié du mélange. Badigeonnez 4 côtes d'agneau dans le filet avec le reste du mélange et faites-les griller comme ci-dessus. Faites revenir les abricots 1 minute dans le beurre. Servez les côtes d'agneau avec la purée à la moutarde et les abricots. Arrosez le tout de jus de cuisson.

poissons & fruits de mer

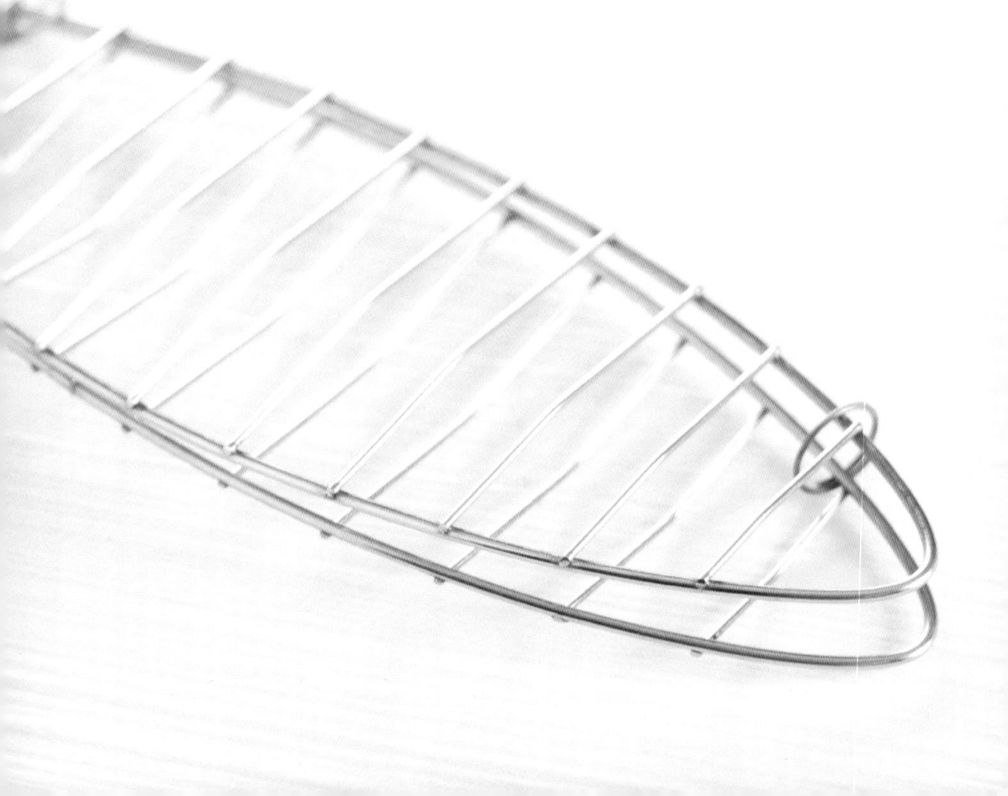

croquettes de thon épicées

Pour **4 personnes**
Préparation **10 minutes**
Cuisson **20 minutes**

250 g de **pommes de terre** farineuses, pelées et coupées en cubes
400 g de **thon** en boîte, égoutté et émietté
50 g de **gruyère** râpé
4 **oignons nouveaux** finement hachés
1 petite gousse d'**ail** écrasée
2 c. à c. de **thym**
1 **œuf** battu
½ c. à c. de **piment de Cayenne**
4 c. à c. de **farine**
huile végétale
sel et **poivre**

Pour servir
quartiers de citron
cresson

Faites cuire les pommes de terre 10 minutes dans une grande casserole d'eau bouillante salée. Égouttez-les, puis écrasez-les et laissez-les refroidir.

Mélangez le thon, le gruyère, les oignons nouveaux, l'ail, le thym et l'œuf avec les pommes de terre écrasées. Ajoutez le piment de Cayenne, salez et poivrez.

Divisez la préparation en 8 portions pour façonner des croquettes. Salez et poivrez la farine, puis enrobez-en les croquettes. Faites frire les croquettes farinées 5 minutes de chaque côté dans un bain d'huile bien chaud, jusqu'à ce qu'elles soient dorées et croustillantes. Servez les croquettes avec des quartiers de citron et le cresson.

Pour des croquettes de saumon, égouttez et émiettez 400 g de saumon en boîte. Faites cuire les pommes de terre comme ci-dessus. Mélangez-les avec le saumon, les oignons nouveaux, l'ail, l'œuf, 50 g de mozzarella râpée (à la place du gruyère) et 4 cuillerées à soupe d'aneth haché (à la place du thym). Faites frire les croquettes comme ci-dessus. Servez-les avec de la mayonnaise mélangée avec du zeste de citron finement râpé et de l'aneth haché.

saumon aux courgettes

Pour **4 personnes**
Préparation **5 minutes**
Cuisson **15 à 20 minutes**

4 **filets de saumon** d'environ 150 g chacun
1 c. à s. de **moutarde**
1 c. à c. de **gingembre frais** râpé
1 c. à c. d'**ail** pilé
2 c. à c. de **miel liquide**
1 c. à s. de **sauce soja claire**

Courgettes au citron vert
500 g de **courgettes** émincées dans le sens de la longueur
2 c. à s. d'**huile d'olive**
le **zeste** râpé et le **jus** de 1 **citron vert**
2 c. à s. de **menthe** ciselée
sel et **poivre**

Posez les filets de saumon sur la peau dans un plat allant au four, sans les superposer. Dans un bol, mélangez la moutarde avec le gingembre, l'ail, le miel et la sauce soja. Badigeonnez les filets avec le mélange et réservez.

Faites chauffer une poêle-gril. Mettez les courgettes et l'huile d'olive dans un sac en plastique, puis secouez pour mélanger. Faites cuire les tranches de courgette de chaque côté dans la poêle-gril (procédez en plusieurs fois). Dans un saladier, mélangez le zeste et le jus de citron vert avec la menthe, du sel et du poivre.

Pendant la cuisson des courgettes, faites chauffer le gril à la température maximale. Faites griller les filets de saumon 10 à 15 minutes, selon leur épaisseur. Dressez-les sur des assiettes de service, disposez les tranches de courgette autour et arrosez le tout d'assaisonnement au citron vert.

Pour des papillotes de saumon, préparez le mélange à la moutarde pour en badigeonner les filets de saumon. Émincez 250 g de courgettes, puis mélangez-les avec 125 g de pointes d'asperge et 125 g de tomates cerises. Ajoutez le zeste et le jus de citron vert ainsi que la menthe. Déposez des cuillerées de ce mélange au milieu de 4 feuilles d'aluminium. Posez dessus les filets de saumon. Enveloppez le tout dans les feuilles d'aluminium, en laissant une ouverture en haut. Faites cuire 20 minutes dans le four préchauffé à 200 °C.

cabillaud et salsa de tomates

Pour **4 personnes**
Préparation **15 minutes**
Cuisson **8 minutes**

1 grosse **orange**
1 gousse d'**ail** écrasée
2 grosses **tomates** pelées, épépinées et coupées en dés
2 c. à s. de **basilic** ciselé
50 g d'**olives noires** hachées
5 c. à s. d'**huile d'olive**
4 **filets de cabillaud** d'environ 175 g chacun
1 c. à s. de **sauce jerk** (condiment jamaïcain)
feuilles de **roquette** pour servir
sel et **poivre**

Pelez l'orange et détaillez-la en segments au-dessus d'un saladier pour récupérer le jus. Coupez les segments en deux. Mélangez-les avec l'ail, les tomates, le basilic, les olives et 4 cuillerées à soupe d'huile d'olive. Salez, poivrez et laissez reposer la salsa.

Lavez les filets de cabillaud, essuyez-les et retirez les arêtes. Badigeonnez-les avec le reste de l'huile d'olive et enrobez-les de sauce jerk.

Faites chauffer une grande poêle, puis faites cuire les filets de cabillaud 5 minutes côté peau. Retournez-les et poursuivez la cuisson 3 minutes. Gardez-les au chaud 5 minutes dans le four à 150 °C.

Servez les filets de cabillaud avec la salsa et des feuilles de roquette.

Pour des filets de cabillaud à la salsa d'avocat et de tomates, enrobez 4 filets de cabillaud avec ½ cuillerée à café d'épices cajun chacun, à la place de la sauce jerk. Pour préparer la salsa, hachez 1 avocat bien mûr et 2 grosses tomates. Mélangez-les avec le zeste finement râpé et le jus de 1 citron vert. Salez et poivrez généreusement. Laissez de côté l'orange, l'ail, le basilic, les olives noires et l'huile d'olive. Faites cuire les filets de cabillaud comme ci-dessus et servez-les avec la salsa.

dos de cabillaud grillés aux épices

Pour **4 personnes**
Préparation **10 minutes**
+ marinade
Cuisson **8 à 10 minutes**

4 **dos de cabillaud** ou **filets de flétan** d'environ 175 g chacun
1 **oignon rouge** émincé
2 gousses d'**ail** écrasées
2 c. à c. de **gingembre frais** râpé
1 c. à c. de **graines de cumin** pilées
1 c. à c. de **coriandre en poudre**
1 c. à c. de **flocons de piment**
½ c. à c. de **curcuma**
le **jus** de 3 **citrons verts** ou de 2 **citrons**
4 c. à s. d'**huile d'olive**
sel et **poivre**

Pour servir
quartiers de citron vert ou de **citron**
riz

Mettez le poisson dans un grand plat.

Dans un saladier, mélangez l'oignon rouge, l'ail, le gingembre, les graines de cumin, la coriandre en poudre, les flocons de piment, le curcuma, le jus de citron vert et l'huile d'olive. Salez et poivrez.

Versez la marinade sur le poisson en l'en enrobant soigneusement avec les mains. Couvrez et laissez mariner 3 ou 4 heures au réfrigérateur.

Préchauffez le gril et recouvrez la grille d'une feuille d'aluminium. Posez le poisson mariné côté peau sur la feuille d'aluminium. Faites-le griller 8 à 10 minutes, jusqu'à ce qu'il soit légèrement doré et qu'il s'effeuille facilement. Servez le poisson avec des quartiers de citron vert et du riz.

Pour un curry de flétan, préparez la marinade comme ci-dessus. Ajoutez 500 ml de yaourt nature et 150 ml de crème fraîche. Coupez 750 g de flétan en morceaux, puis laissez-les mariner 1 heure dans le mélange épicé. Transvasez le tout dans une grande casserole et portez à ébullition. Dès que le liquide bout, baissez le feu, remuez 1 ou 2 fois et laissez frémir 5 minutes. Ajoutez 1 grosse poignée de coriandre ciselée 1 minute avant la fin de la cuisson. Servez avec du riz ou du pain naan chaud.

marmite de la mer

Pour **4 personnes**
Préparation **10 minutes**
Cuisson **15 minutes**

3 c. à s. d'**huile d'olive**
2 **oignons rouges** coupés en petits dés
2 gousses d'**ail** écrasées
½ c. à c. de **flocons de piment**
200 g de **calamars** nettoyés et coupés en fines lanières (réservez les tentacules)
200 g de **moules** grattées et nettoyées
200 g de **palourdes** nettoyées (ou la même quantité de moules)
300 g de grosses **crevettes** non décortiquées
150 ml de **fumet de poisson**
150 ml de **vin blanc sec**
½ c. à c. de **safran**
8 **tomates** pelées et épépinées
1 feuille de **laurier**
1 c. à c. de **sucre en poudre**
400 g de **filets de rouget** ou **de bar** coupés en petits morceaux
salade verte pour servir
sel et **poivre**

Faites chauffer l'huile d'olive dans une grande cocotte, puis faites revenir les oignons et l'ail 5 minutes. Ajoutez les flocons de piment.

Incorporez les calamars, les moules, les palourdes, les crevettes, et remuez soigneusement.

Ajoutez le fumet de poisson, le vin blanc, le safran, les tomates, la feuille de laurier et le sucre en poudre. Salez, poivrez, puis laissez frémir 5 minutes à couvert. Jetez les moules ou les palourdes qui ne s'ouvrent pas.

Incorporez les morceaux de rouget ou de bar, et poursuivez la cuisson 5 minutes à petit feu. Servez sans attendre, avec une salade verte.

Pour une marmite de la mer à la crème, faites revenir 2 oignons blancs (à la place des rouges) comme ci-dessus, avec l'ail et les flocons de piment. Ajoutez 1 botte d'oignons nouveaux, émincés. Incorporez les fruits de mer comme ci-dessus. Ajoutez le fumet de poisson, le vin blanc, le safran, le laurier et le sucre en poudre, en laissant de côté les tomates. Portez à ébullition. Salez, poivrez et laissez frémir 5 minutes pour faire réduire le liquide de moitié. Versez 500 ml de crème fraîche et prolongez la cuisson de 5 minutes. Délayez 1 cuillerée à soupe de fécule de maïs avec 2 cuillerées à soupe d'eau, puis ajoutez le mélange dans la cocotte, avec du persil et le zeste finement râpé de 1 citron. Laissez épaissir la sauce en remuant. Servez avec du riz et une salade verte.

crevettes, tomates et piment

Pour **4 personnes**
Préparation **10 minutes**
Cuisson **10 à 12 minutes**

2 c. à s. d'**huile d'olive**
2 **oignons rouges** finement hachés
3 gousses d'**ail** écrasées
1 **piment rouge** épépiné et haché
2 lanières de **zeste de citron**
2 grosses **tomates** bien mûres concassées
150 ml de **fumet de poisson**
500 g de grosses **crevettes** crues décortiquées
2 c. à s. d'un **mélange de persil et d'aneth** ciselés pour décorer
sel et **poivre**

Faites chauffer l'huile d'olive dans une grande poêle. Faites revenir les oignons, l'ail, le piment et le zeste de citron 1 ou 2 minutes à feu moyen. Ajoutez les tomates et le fumet de poisson. Portez à ébullition, puis laissez frémir 5 minutes.

Incorporez les crevettes. Salez, poivrez et poursuivez la cuisson 4 minutes, en retournant les crevettes, jusqu'à ce qu'elles soient roses. Décorez de persil et d'aneth avant de servir.

Pour du poisson blanc aux légumes, épluchez 2 grosses courgettes et coupez-les grossièrement. Faites revenir les oignons avec l'ail et le piment comme ci-dessus. Ajoutez les courgettes et prolongez la cuisson de 1 ou 2 minutes. Incorporez 250 g de crevettes décortiquées et 250 g de poisson à chair blanche et ferme (lotte ou cabillaud, par exemple). Ajoutez 125 g d'olives noires et 5 cuillerées à soupe de persil ciselé, puis poursuivez la cuisson comme ci-dessus. Servez avec du pain aux céréales.

thon grillé et pommes de terre

Pour **4 personnes**
Préparation **10 minutes**
Cuisson **15 minutes**

500 g de petites **pommes de terre nouvelles** grattées
4 tranches de **thon** d'environ 175 g chacune
100 g de **jeunes pousses d'épinard** grossièrement hachées
4 c. à s. d'**huile d'olive**
2 c. à s. de **vinaigre balsamique**
quartiers de citron vert grillés pour servir
sel et **poivre**

Faites cuire les pommes de terre 15 minutes à la vapeur.

Pendant ce temps, faites chauffer une poêle-gril et essuyez les tranches de thon avec du papier absorbant. Faites-les griller 3, 5 ou 8 minutes de chaque côté, selon que vous aimez le thon tout juste cuit, à point ou bien cuit.

Coupez les pommes de terre en deux et mettez-les dans un saladier. Ajoutez les jeunes pousses d'épinard, l'huile d'olive et le vinaigre balsamique. Salez et poivrez. Dressez la salade sur 4 assiettes. Posez dessus 1 tranche de thon et servez avec 1 quartier de citron vert grillé.

Pour une salade niçoise chaude, faites cuire les pommes de terre et le thon comme ci-dessus. Coupez 125 g de haricots verts fins en deux et faites-les blanchir à l'eau bouillante. Faites-les sauter avec 125 g de tomates cerises. Mélangez les haricots verts, les tomates cerises et 125 g d'olives noires avec les pommes de terre chaudes et les jeunes pousses d'épinard. Effeuillez le thon pour l'incorporer dans la salade. Salez et poivrez généreusement avant de servir.

filets de saumon au cinq-épices

Pour **4 personnes**
Préparation **5 minutes**
Cuisson **12 minutes**

2 c. à c. de **grains de poivre** pilés
2 c. à c. de **cinq-épices en poudre**
1 c. à c. de **sel**
1 grosse pincée de **piment de Cayenne**
4 **filets de saumon** d'environ 175 g chacun, sans la peau
3 c. à s. d'**huile de tournesol**
500 g de **pak choi** ou de **choy sum** émincé
3 gousses d'**ail** émincées
3 c. à s. de **vin de riz chinois** ou de **xérès sec**
75 ml de **bouillon de légumes**
2 c. à s. de **sauce soja claire**
1 c. à c. d'**huile de sésame**
riz pour servir

Mélangez le poivre, le cinq-épices, le sel et le piment de Cayenne dans un bol. Badigeonnez les filets de saumon avec un peu d'huile et saupoudrez-les de mélange épicé. Faites cuire les filets 4 minutes dans une poêle chaude. Retournez-les et faites cuire de 2 à 3 minutes de plus. Posez les filets sur un plat, couvrez-les d'une feuille d'aluminium et laissez-les reposer 5 minutes.

Faites chauffer le reste de l'huile dans un wok et faites sauter le pak choi ou le choy sum 2 minutes. Incorporez l'ail et faites-le revenir 1 minute. Ajoutez le vin de riz ou le xérès, le bouillon de légumes, la sauce soja et l'huile de sésame. Poursuivez la cuisson pendant 2 minutes, jusqu'à ce que les légumes soient tendres.

Servez les filets de saumon et les légumes avec du riz cuit à l'eau.

Pour du saumon aux légumes, préparez le mélange épicé comme ci-dessus. Coupez les filets de saumon en gros morceaux et saupoudrez-les de mélange épicé. Faites chauffer 1 cuillerée à soupe d'huile dans une poêle et faites cuire le saumon 3 ou 4 minutes. Retirez-le de la poêle à l'aide d'une écumoire et gardez-le au chaud. Versez 2 cuillerées à soupe d'huile dans la poêle, puis faites sauter le pak choi 2 minutes, avec 125 g de pois mange-tout ou de pois gourmands et 125 g de carottes en julienne. Ajoutez le vin de riz ou le xérès, la sauce soja, le bouillon de légumes et l'huile de sésame. Remettez le saumon dans la poêle et réchauffez-le avant de servir.

filets de truite au pesto

Pour **4 personnes**
Préparation **10 minutes**
Cuisson **10 minutes**

4 c. à s. d'**huile d'olive**
+ un peu pour la plaque
4 **filets de truite** d'environ
200 g chacun
1 grosse poignée de **basilic**
grossièrement haché
+ un peu pour décorer
1 gousse d'**ail** écrasée
50 g de **parmesan**
fraîchement râpé
salade verte pour servir
sel et **poivre**

Huilez une plaque de cuisson et faites-la chauffer sous le gril à chaleur vive.

Posez les filets de truite sur la plaque. Salez et poivrez. Faites griller les filets 8 à 10 minutes, jusqu'à ce qu'ils soient légèrement dorés et qu'ils s'effeuillent facilement.

Pendant ce temps, préparez le pesto. Mettez le basilic et l'ail dans un saladier. Incorporez l'huile d'olive à l'aide d'un batteur électrique, puis ajoutez le parmesan.

Dressez les filets de truite sur des assiettes de service. Arrosez-les de pesto, décorez-les de basilic et servez avec une salade verte.

Pour des filets de truite à l'orange et aux amandes, posez les filets de truite sur une plaque de cuisson huilée, comme ci-dessus. Mélangez le zeste râpé et le jus de 1 petite orange, 1 cuillerée à soupe de persil ciselé et 4 cuillerées à soupe d'huile d'olive. Badigeonnez les filets avec ce mélange, salez et poivrez. Faites-les griller jusqu'à ce qu'ils soient dorés et parsemez-les d'amandes effilées. Servez les filets de truite avec du pain aux céréales et une salade verte.

risotto au cabillaud et aux olives

Pour **4 personnes**
Préparation **10 minutes**
Cuisson **25 minutes**

500 g de **filets de cabillaud** sans la peau
600 ml de **vin blanc**
600 ml de **fumet de poisson** chaud
50 g de **beurre**
2 **oignons** hachés
375 g de **riz pour risotto**
50 g de **tomates séchées à l'huile**, égouttées et émincées
4 c. à s. d'**huile d'olive**
2 c. à s. d'**origan** haché
200 g de **tomates cerises** coupées en deux
50 g de **parmesan** fraîchement râpé
50 g d'**olives noires** dénoyautées, hachées
1 c. à s. de **vinaigre de vin blanc**
sel et **poivre**

Coupez les filets de cabillaud en 4 morceaux. Salez et poivrez. Portez le vin blanc et le fumet de poisson au point de frémissement dans une casserole. Réservez.

Faites fondre le beurre dans une grande casserole et faites revenir les oignons 5 minutes. Ajoutez le riz et les tomates séchées, et remuez. Versez le liquide réservé, louchée par louchée, en remuant après chaque ajout jusqu'à ce qu'il soit absorbé. Continuez à ajouter ainsi le liquide jusqu'à ce que le riz soit crémeux, mais les grains encore fermes. Comptez environ 20 minutes.

Faites chauffer 2 cuillerées à soupe d'huile d'olive dans une grande poêle et faites cuire le poisson 3 minutes de chaque côté. Gardez-le au chaud.

Ajoutez l'origan et les tomates cerises dans la poêle. Faites-les revenir 1 minute. Salez et poivrez.

Incorporez le parmesan dans le risotto. Servez avec le poisson et les tomates cerises. Ajoutez les olives, le reste de l'huile et le vinaigre dans la poêle. Remuez, puis versez la préparation sur le poisson.

Pour un risotto aux crevettes et aux petits pois, faites revenir les oignons dans le beurre. Ajoutez le riz puis le liquide. Lorsque le riz a absorbé presque tout le liquide, incorporez 250 g de crevettes, 175 g de petits pois surgelés et 6 cuillerées à soupe de menthe hachée. Faites chauffer 5 minutes avec le reste du liquide. Incorporez le parmesan et 200 ml de crème fraîche. Laissez chauffer 1 minute, poivrez et servez.

espadon à la pangritata

Pour **4 personnes**
Préparation **5 minutes**
Cuisson **10 minutes**

5 c. à s. d'**huile d'olive** + un supplément pour servir
2 gousses d'**ail** hachées
2 c. à s. de feuilles de **sauge** hachées
125 g de **chapelure**
le **zeste** râpé et le **jus** de 1 **citron**
250 g de **haricots verts fins**
4 tranches d'**espadon** de 200 g chacune
sel et **poivre**

Faites chauffer 4 cuillerées à soupe d'huile d'olive dans une poêle. Faites revenir l'ail, la sauge, la chapelure et le zeste de citron 5 minutes, jusqu'à ce que la pangritata soit dorée et croustillante. Égouttez sur du papier absorbant.

Blanchissez les haricots verts 3 minutes dans de l'eau bouillante salée. Égouttez-les, salez, poivrez et arrosez de jus de citron. Gardez-les au chaud.

Badigeonnez les tranches d'espadon avec le reste de l'huile d'olive. Salez, poivrez et saisissez-les 1 ou 2 minutes de chaque côté dans une poêle-gril chaude. Retirez-les de la poêle, couvrez-les d'une feuille d'aluminium et laissez-les reposer quelques minutes.

Dressez les tranches d'espadon sur des assiettes. Arrosez-les avec le reste du jus de citron et garnissez-les de pangritata. Disposez les haricots verts autour et arrosez-les d'huile d'olive.

Pour de l'espadon au bacon et aux poireaux, faites revenir l'ail, la sauge, la chapelure et le zeste de citron comme ci-dessus, avec 3 tranches de bacon hachées. Lorsqu'elles sont dorées et croustillantes, retirez la préparation de la poêle et égouttez-la sur du papier absorbant. Remplacez les haricots verts par 250 g de poireaux hachés. Ajoutez-les dans la poêle et faites-les cuire 3 minutes. Égouttez-les puis mélangez-les avec 200 ml de crème fraîche additionnée de ½ cuillerée à café de moutarde. Faites cuire les tranches d'espadon comme ci-dessus. Servez-les sur les poireaux et garnissez-les de préparation au bacon.

thon aux tomates séchées

Pour **4 personnes**
Préparation **5 minutes**
Cuisson **10 à 15 minutes**

3 c. à s. d'**huile d'olive**
1 **oignon rouge** finement haché
2 gousses d'**ail** écrasées
1 branche de **romarin** hachée
3 c. à s. de **farine**
4 tranches de **thon** d'environ 175 g chacune
125 g de **tomates séchées à l'huile**, égouttées et hachées
75 ml de **vin rouge**
1 c. à s. de **câpres en saumure** égouttées
75 g d'**olives noires** dénoyautées
1 poignée de **persil plat** ciselé
sel et **poivre**

Pour servir
quartiers de citron
pain

Faites chauffer 2 cuillerées à soupe d'huile d'olive dans une casserole. Faites revenir l'oignon rouge, l'ail et le romarin 5 minutes à feu doux.

Salez et poivrez la farine pour en enrober les tranches de thon.

Faites chauffer le reste de l'huile dans une poêle, puis faites cuire les tranches de thon 2 ou 3 minutes, jusqu'à ce qu'elles soient dorées. Retournez-les et poursuivez la cuisson 1 à 3 minutes de l'autre côté. Posez les tranches de thon sur un plat recouvert de papier absorbant et gardez-les au chaud dans le four.

Mélangez les tomates séchées avec la préparation à l'oignon. Augmentez le feu avant d'ajouter le vin rouge, les câpres, les olives et le persil. Salez, poivrez et laissez frémir 2 minutes. Arrosez les tranches d'espadon de sauce puis servez avec des quartiers de citron et du pain.

Pour un pilaf de thon aux tomates séchées, faites cuire les tranches de thon comme ci-dessus. Détaillez la chair en gros morceaux et réservez. Faites cuire 175 g de riz basmati brun. Égouttez-le et réservez. Faites revenir l'oignon, l'ail et le romarin comme ci-dessus. Ajoutez les tomates séchées hachées ainsi que le riz et faites sauter le tout. Incorporez 125 g de pois mange-tout coupés en lanières et faites-les revenir 1 minute. Ajoutez le vin rouge, les câpres, les olives, le persil ainsi que le thon. Prolongez la cuisson de 2 minutes, en remuant. Servez chaud, avec une salade verte.

brochettes de lotte

Pour **4 personnes**
Préparation **10 minutes**
+ marinade
Cuisson **8 à 10 minutes**

1 kg de **filets de lotte** coupés en cubes de 4 cm de côté
200 ml de **yaourt nature**
4 c. à s. de **jus de citron**
3 gousses d'**ail** écrasées
2 c. à c. de **gingembre frais** râpé
1 c. à c. de **piment en poudre fort**
1 c. à c. de **cumin en poudre**
1 c. à c. de **coriandre en poudre**
2 **piments thaïs rouges** émincés
sel et **poivre**

Pour servir
salade
pain naan

Mettez le poisson dans un saladier en verre ou en faïence.

Dans un petit saladier, mélangez le yaourt, le jus de citron, l'ail, le gingembre, le piment, le cumin et la coriandre en poudre, ainsi que les piments émincés. Salez et poivrez. Versez la préparation sur le poisson. Couvrez et laissez mariner 3 ou 4 heures au réfrigérateur ou mieux, toute la nuit.

Enfilez les morceaux de poisson sur 8 brochettes plates en métal. Posez-les sur une plaque de cuisson et faites-les cuire 8 à 10 minutes sous le gril chaud, en les retournant 1 fois. Servez les brochettes chaudes, avec une salade verte et du pain naan.

Pour un curry de lotte aux pommes de terre et à la coriandre, préparez la marinade comme ci-dessus, en ajoutant 1 cuillerée à café de garam masala. Coupez 250 g de pommes de terre nouvelles en deux et faites-les cuire. Ensuite, mettez-les dans une grande casserole, avec le poisson et la marinade. Ajoutez 150 ml de fumet de poisson et laissez frémir 10 minutes, jusqu'à ce que le poisson soit opaque. Incorporez 1 grosse botte de coriandre ciselée. Servez le curry avec du riz et du pain naan.

crevettes vapeur au sésame

Pour **4 personnes**
Préparation **15 minutes**
Cuisson **5 minutes**

300 g de grosses **crevettes** décortiquées mais avec la queue, décongelées si surgelées
2 gousses d'**ail** émincées
1 **piment rouge** épépiné et haché
le **zeste** râpé et le **jus** de 1 **citron vert**
1 morceau de **gingembre frais** de 2 ou 3 cm pelé et haché
2 c. à s. de **vin de riz**
2 c. à s. de **sauce de poisson thaïe**
4 feuilles de **chou vert**
1 c. à s. d'**huile de sésame**
mélange d'**herbes fraîches** (**coriandre**, **menthe**, **basilic** par exemple) pour décorer
sel

Rincez les crevettes à l'eau froide. Égouttez-les et essuyez-les.

Dans un saladier, mélangez l'ail, le piment rouge, le zeste et le jus de citron vert, le gingembre, le vin de riz et la sauce de poisson. Ajoutez les crevettes et remuez soigneusement, puis réservez.

Blanchissez les feuilles de chou 30 secondes dans de l'eau bouillante salée. Égouttez-les et rafraîchissez-les sous l'eau du robinet. Essuyez-les.

Mettez les feuilles de chou dans un cuit-vapeur en bambou. Garnissez-les avec les crevettes enrobées de marinade. Couvrez et faites cuire 2 ou 3 minutes.

Dressez les feuilles de chou avec les crevettes sur un plat de service. Faites chauffer l'huile de sésame dans une petite casserole pour en arroser le tout. Décorez d'herbes avant de servir.

Pour des rouleaux de crabe et de crevettes vapeur, mélangez l'ail, le piment rouge, le zeste et le jus de citron vert, le gingembre, le vin de riz et la sauce de poisson. Ajoutez 1 tige de citronnelle émincée. Égouttez 200 g de crabe en boîte et mélangez-le avec 125 g de petites crevettes cuites. Arrosez de marinade et remuez. Répartissez la préparation sur 8 feuilles de chou. Enroulez-les autour de la garniture en rabattant les côtés pour l'enfermer. Maintenez les rouleaux avec des piques en bois. Faites-les cuire à la vapeur et servez-les chauds, avec de la sauce de piment douce.

bar à la salsa épicée

Pour **4 personnes**
Préparation **15 minutes**
+ repos
Cuisson **6 à 8 minutes**

4 **filets de bar** d'environ 175 g chacun
2 c. à s. d'**huile d'olive**
branches de **persil** pour décorer

Salsa épicée
4 **tomates olivette** pelées, épépinées et concassées
1 **piment rouge** finement haché
2 gousses d'**ail** finement hachées
50 g d'**olives noires** dénoyautées, finement hachées
1 **échalote** finement hachée
4 c. à s. d'**huile d'olive**
4 c. à s. de **jus de citron**
sel et **poivre**

Pour servir
tagliatelles
salade d'épinards
quartiers de citron

Mélangez tous les ingrédients de la salsa dans un grand saladier, puis laissez-la reposer au moins 1 heure.

Faites chauffer une poêle-gril. Badigeonnez les filets de bar d'huile d'olive et faites-les cuire 3 ou 4 minutes de chaque côté. Décorez les filets de persil et servez-les sur un lit de tagliatelles, avec la salsa, une salade d'épinards et des quartiers de citron.

Pour du bar à la salsa de citron vert et aux frites épicées, préparez la salsa comme ci-dessus, en ajoutant le zeste finement râpé de 1 citron vert. Faites cuire les filets de bar comme ci-dessus. Pour préparer des frites épicées, coupez 4 grosses pommes de terre en bâtonnets et mélangez-les avec 4 cuillerées à soupe d'huile d'olive. Faites-les cuire 20 minutes dans le four préchauffé à 200 °C. Saupoudrez-les de 1 cuillerée à café de sel et 1 cuillerée à café d'épices cajun. Remuez soigneusement, enfournez à nouveau pour 10 minutes, jusqu'à ce que les frites soient dorées et croustillantes. Servez le poisson avec les frites et la salsa.

recettes végétariennes

bolognaise de légumes

Pour **4 personnes**
Préparation **10 minutes**
Cuisson **15 minutes**

½ c. à s. d'**huile végétale**
1 **oignon** haché
200 g de petites **carottes** en boîte, égouttées et coupées en morceaux
1 **poireau** émincé
2 branches de **céleri** émincées
400 g de **tomates concassées** en boîte
1 c. à s. de **purée de tomate**
1 c. à c. de **piment de Cayenne**
125 g de **champignons de Paris** émincés
375 g de **spaghettis**
feuilles de **basilic** pour décorer
sel et **poivre**

Faites chauffer l'huile dans une casserole et faites revenir l'oignon 3 à 5 minutes à feu doux. Ajoutez les carottes, le poireau et le céleri, puis les tomates, la purée de tomate, le piment de Cayenne et les champignons. Salez, poivrez et laissez frémir 10 minutes.

Pendant ce temps, faites cuire les spaghettis 8 à 10 minutes dans une casserole d'eau bouillante salée. Égouttez-les et poivrez-les. Dressez les spaghettis sur des assiettes de service et garnissez-les de bolognaise de légumes. Décorez de feuilles de basilic.

Pour une bolognaise végétarienne au tofu, pelez et râpez 2 grosses carottes. Faites chauffer l'huile dans une poêle et faites revenir l'oignon comme ci-dessus. Ajoutez 250 g de tofu, les carottes râpées, 1 poireau émincé et 2 branches de céleri hachées. Faites sauter le tout 3 ou 4 minutes avant d'ajouter les tomates, la purée de tomate, le piment de Cayenne et les champignons. Laissez frémir 10 minutes comme ci-dessus. Versez la bolognaise sur les spaghettis cuits et égouttés, et parsemez de parmesan. Servez avec du pain à l'ail.

clafoutis aux champignons

Pour **4 personnes**
Préparation **5 minutes**
Cuisson **25 à 30 minutes**

4 gros **champignons de Paris** ou 400 g de petits
25 g de **beurre**
5 c. à s. d'**huile d'olive**
3 gousses d'**ail** émincées
2 c. à s. de **romarin** ou de **thym** haché
125 g de **farine**
2 **œufs**
2 c. à s. de **sauce au raifort**
400 ml de **lait**
sel et **poivre**

Sauce à la bière
2 **oignons** émincés
2 c. à c. de **sucre en poudre**
1 c. à s. de **farine**
275 ml de **bière**
150 ml de **bouillon de légumes**

Préchauffez le four à 230 °C. Posez les champignons sur le chapeau dans un grand plat à gratin.

Faites fondre le beurre avec 4 cuillerées à soupe d'huile d'olive dans une poêle. Faites revenir l'ail et les herbes 30 secondes, avec du sel et du poivre. Versez sur les champignons et enfournez pour 2 minutes.

Pendant ce temps, mettez la farine dans un saladier. Ajoutez les œufs, la sauce au raifort, le lait, du sel et du poivre, en fouettant, pour obtenir une pâte homogène. Versez la pâte sur les champignons et enfournez à nouveau pour 20 à 25 minutes.

Faites chauffer le reste de l'huile dans une poêle et faites dorer les oignons 10 minutes, avec le sucre. Incorporez la farine, versez la bière et le bouillon de légumes. Salez, poivrez et remuez pendant 5 minutes.

Découpez le clafoutis en portions et nappez-les de sauce à la bière.

Pour un clafoutis aux légumes, épluchez 2 grosses carottes et 2 gros navets. Coupez-les en deux dans le sens de la longueur, puis en tronçons de 5 cm. Taillez les extrémités de 2 courgettes et coupez-les en tronçons de 5 cm. Faites chauffer le beurre et l'huile d'olive dans une poêle puis faites sauter les légumes 2 ou 3 minutes à feu moyen-vif. Ajoutez l'ail, le romarin, et prolongez la cuisson de 1 minute. Continuez comme ci-dessus, en remplaçant les champignons par les légumes. Servez avec la sauce.

aubergines farcies

Pour **4 personnes**
Préparation **15 minutes**
Cuisson **30 minutes**

2 **aubergines**
4 c. à s. d'**huile d'olive** + un peu pour la plaque
8 **tomates** pelées et concassées
2 gousses d'**ail** écrasées
4 **filets d'anchois à l'huile**, égouttés et hachés
1 c. à s. de **câpres** hachées
1 poignée de **basilic** ciselé + un peu pour décorer
1 poignée de **persil plat** ciselé + un peu pour décorer
2 c. à s. de **pignons de pin** grillés
50 g de **chapelure**
75 g de **pecorino** râpé
sel et **poivre**

Coupez les aubergines en deux dans le sens de la longueur et videz la pulpe sans abîmer la peau. Hachez grossièrement la pulpe.

Faites chauffer l'huile d'olive dans une poêle et faites revenir les moitiés d'aubergine vides 3 ou 4 minutes de chaque côté. Posez-les sur une plaque de cuisson huilée. Faites dorer la pulpe d'aubergine dans la poêle.

Dans un saladier, mélangez les tomates, l'ail, les filets d'anchois, les câpres, le basilic, le persil, les pignons de pin, la chapelure, la pulpe d'aubergine et la moitié du pecorino. Salez et poivrez. Remplissez généreusement les moitiés d'aubergine avec la préparation et ajoutez sur le dessus le reste du pecorino. Faites cuire les aubergines farcies 20 minutes dans le four préchauffé à 200 °C. Décorez-les d'herbes avant de servir.

Pour des aubergines farcies aux noix de cajou et aux raisins secs, préparez les aubergines comme ci-dessus. Faites sauter la pulpe d'aubergine hachée 3 ou 4 minutes à feu vif, avec 3 tomates séchées grossièrement hachées, 75 g de noix de cajou, 75 g de raisins secs et 1 poignée de persil plat ciselé, jusqu'à ce que la pulpe soit dorée. Remplissez les moitiés d'aubergine avec cette préparation et ajoutez 50 g de mozzarella hachée. Enfournez pour 20 minutes comme ci-dessus, puis servez avec une salade de roquette.

halloumi à l'huile au paprika

Pour **4 personnes**
Préparation **5 minutes**
Cuisson **5 minutes**

6 c. à s. d'**huile d'olive**
4 c. à s. de **jus de citron**
½ c. à c. de **paprika**
250 g de **halloumi** (fromage chypriote) coupé en cubes
sel et **poivre**

Mélangez l'huile d'olive, le jus de citron et le paprika dans un petit saladier. Salez et poivrez.

Faites chauffer une poêle et faites dorer le halloumi à feu moyen. Dès qu'il commence à ramollir, posez-le sur une assiette. Arrosez-le d'huile au paprika et servez avec des piques en bois.

Pour une purée de tomates et de piment à servir en accompagnement, faites chauffer 1 cuillerée à soupe d'huile d'olive dans une poêle. Ajoutez 1 piment rouge finement haché, 1 échalote finement hachée, 3 cuillerées à soupe de sucre en poudre et 4 tomates concassées. Salez et poivrez généreusement. Faites cuire 15 minutes à feu moyen-vif, en remuant de temps à autre, pour obtenir une purée épaisse. Laissez refroidir hors du feu et servez avec le halloumi.

lasagnes champignons-épinards

Pour **4 personnes**
Préparation **20 minutes**
Cuisson **25 à 30 minutes**

6 **feuilles de lasagnes fraîches** (250 g)
3 c. à s. d'**huile d'olive**
500 g d'un **mélange de champignons** (**sauvages**, **de Paris**, **shiitakés**), émincés
2 gousses d'**ail** finement hachées
200 g de **mascarpone**
125 g de **jeunes pousses d'épinard**
150 g de **gruyère** écroûté et coupé en cubes ou de **taleggio**
sel et **poivre**

Étalez les feuilles de lasagnes sur une grande plaque de four et couvrez-les d'eau bouillante. Laissez-les tremper 5 minutes, puis égouttez-les.

Faites chauffer l'huile d'olive dans une grande poêle et faites revenir les champignons 5 minutes. Ajoutez l'ail et le mascarpone. Poursuivez la cuisson 1 minute à feu vif pour obtenir une sauce épaisse. Salez et poivrez. Faites cuire les jeunes pousses d'épinard 2 minutes à la vapeur ou au micro-ondes.

Huilez un grand plat à gratin. Couvrez le fond avec 2 feuilles de lasagnes en les faisant se chevaucher légèrement. Répartissez ⅓ du fromage, de la sauce aux champignons et des jeunes pousses d'épinard sur les feuilles de lasagne. Superposez 2 autres couches de la même manière, en utilisant pour chacune 2 feuilles de lasagnes et ⅓ des ingrédients. Faites cuire 15 à 20 minutes dans le four préchauffé à 200 °C.

Pour des lasagnes aux noix, aux épinards et à la courge, préparez les lasagnes et les jeunes pousses d'épinard comme ci-dessus. Faites chauffer 3 cuillerées à soupe d'huile d'olive dans une poêle et faites revenir 500 g de courge butternut grossièrement hachée. Incorporez l'ail et le mascarpone, salez, poivrez et ajoutez ½ cuillerée à café de paprika. Ajoutez 125 g de noix hachées et poursuivez la cuisson 1 minute. Assemblez les lasagnes avec la sauce à la courge, les jeunes pousses d'épinard et le gruyère (ou le taleggio). Faites cuire 25 minutes dans le four préchauffé à 200 °C.

couscous aux légumes grillés

Pour **4 personnes**
Préparation **15 minutes**
+ repos
Cuisson **10 minutes**

300 g de **couscous**
500 ml d'**eau bouillante**
2 **poivrons rouges** évidés, épépinés et coupés en quatre
1 **poivron orange** ou **jaune** évidé, épépiné et coupé en quatre
6 petites **courgettes** coupées en deux dans le sens de la longueur
2 **oignons rouges** coupés en quartiers
24 **tomates cerises**
2 gousses d'**ail** émincées
2 c. à s. d'**huile d'olive**
100 g d'**asperges** parées
le **zeste** râpé et le **jus** de 1 **citron**
4 c. à s. de **persil** ou de **menthe** ciselé
quartiers de citron pour servir
sel et **poivre**

Mettez le couscous dans un grand saladier résistant à la chaleur. Versez l'eau bouillante, couvrez et laissez reposer 10 minutes.

Placez les poivrons, les courgettes, les oignons, les tomates cerises et l'ail sur une poêle-gril, sans les superposer. Arrosez-les d'huile d'olive et faites-les cuire 5 ou 6 minutes sous le gril préchauffé, en les retournant de temps en temps.

Ajoutez les asperges et poursuivez la cuisson 2 ou 3 minutes, jusqu'à ce que les légumes soient tendres et légèrement grillés. Laissez-les refroidir puis pelez les poivrons.

Aérez le couscous à la fourchette. Mélangez-le avec les légumes, le zeste et le jus de citron ainsi que les herbes. Salez, poivrez et servez sans attendre, avec des quartiers de citron.

Pour un couscous aux légumes rôtis, préparez 300 g de couscous avec 500 ml de bouillon de poulet bouillant. Hachez grossièrement 500 g de courge butternut, parez 1 courgette et détaillez-la en morceaux. Coupez 6 tomates olivette en quatre. Coupez 1 bulbe de fenouil en deux, puis émincez-le. Mélangez les légumes avec 2 cuillerées à soupe d'huile d'olive et 2 gousses d'ail émincées. Faites-les cuire 25 minutes dans le four préchauffé à 200 °C. Ajoutez 1 cuillerée à soupe de miel. Mélangez les légumes avec le couscous. Incorporez le zeste et le jus de citron ainsi que les herbes. Salez et poivrez avant de servir.

biryani aux légumes

Pour **4 personnes**
Préparation **10 minutes**
Cuisson **20 minutes**

250 g de **riz à long grain**
2 c. à s. d'**huile d'olive**
3 **carottes** coupées en morceaux
2 **pommes de terre** moyennes coupées en morceaux
1 morceau de **gingembre frais** de 2 ou 3 cm pelé et râpé
2 gousses d'**ail** écrasées
200 g de fleurettes de **chou-fleur**
125 g de **haricots verts** coupés en deux
1 c. à s. de **pâte de curry forte**
1 c. à c. de **curcuma**
1 c. à c. de **cannelle en poudre**
250 ml de **yaourt nature**
40 g de **raisins secs**

Pour servir
75 g de **noix de cajou** grillées
2 c. à s. **de feuilles de coriandre** ciselées

Faites cuire le riz selon les indications sur l'emballage, puis égouttez-le.

Faites chauffer l'huile d'olive dans une casserole. Faites revenir les carottes et les pommes de terre 10 minutes avec le gingembre et l'ail (mouillez si besoin avec de l'eau pour éviter que les pommes de terre n'attachent au fond de la casserole).

Incorporez les fleurettes de chou-fleur, les haricots verts, la pâte de curry, le curcuma, la cannelle, et poursuivez la cuisson 1 minute. Incorporez le yaourt et les raisins secs.

Posez le riz sur les légumes. Faites cuire 10 minutes à feu doux, en vérifiant que la préparation n'attache pas au fond de la casserole.

Garnissez le biryani de noix de cajou et de coriandre avant de servir.

Pour un biryani d'agneau, préparez le riz comme ci-dessus. Coupez 250 g de filet d'agneau en lanières. Laissez les pommes de terre de côté. Faites cuire les carottes, le gingembre et l'ail 10 minutes avec l'agneau, comme ci-dessus. Incorporez les fleurettes de chou-fleur, les haricots verts, la pâte de curry, les épices et 4 petites aubergines grossièrement hachées. Poursuivez la cuisson 1 minute. Incorporez le yaourt nature et les raisins secs. Posez la préparation sur le riz et faites cuire comme ci-dessus. Remplacez les noix de cajou par des amandes effilées. Ajoutez éventuellement un peu de yaourt avant de servir.

pizza aux artichauts

Pour **4 personnes**
Préparation **10 minutes**
Cuisson **15 à 20 minutes**

250 g de **farine avec levure incorporée**
3 c. à s. d'**huile végétale**
1 c. à c. de **sel**
2 c. à s. de **concentré de tomate**
100 ml d'**eau**

Garniture
1 c. à s. de **concentré de tomate**
2 gros **piments rouges** ou **verts doux** coupés en deux et épépinés
3 c. à s. d'un **mélange d'herbes** hachées (**persil**, **origan**, **romarin**, **ciboulette**)
50 g de **tomates séchées à l'huile**, égouttées et émincées
150 g de **cœurs d'artichaut** en conserve, égouttés
2 **tomates olivette** coupées en quatre
150 g de **mozzarella** émincée
50 g d'**olives noires** dénoyautées
sel et **poivre**

Graissez une grande plaque de cuisson. Mettez la farine dans un saladier, avec l'huile, le sel et le concentré de tomate. Versez l'eau et mélangez jusqu'à obtention d'une pâte homogène, en ajoutant de l'eau si besoin.

Étalez la pâte en un disque de 28 cm de diamètre sur un plan de travail fariné. Posez-la sur la plaque de cuisson et faites-la cuire 5 minutes dans le four préchauffé à 230 °C.

Recouvrez la pâte de concentré de tomate jusqu'à 1 cm du bord. Coupez de nouveau les piments en deux dans le sens de la longueur et répartissez-les sur la pizza, avec la moitié des herbes, les tomates séchées, les cœurs d'artichaut, les tomates, la mozzarella et les olives. Éparpillez le reste des herbes sur le dessus. Salez et poivrez légèrement.

Enfournez à nouveau pour 10 à 15 minutes, jusqu'à ce que le fromage fonde et que les légumes commencent à se colorer.

Pour une pizza à l'œuf et aux épinards, préparez la pâte à pizza et faites-la cuire comme ci-dessus, en remplaçant la farine avec levure incorporée par 250 g de farine complète. Couvrez-la avec 4 cuillerées à soupe de sauce tomate, puis répartissez dessus 50 g d'épinards blanchis et essorés. Cassez 1 œuf sur les épinards et ajoutez 2 cuillerées à soupe de pignons de pin. Faites cuire comme ci-dessus, jusqu'à ce que l'œuf prenne et que la pâte lève.

burgers de tofu au curry

Pour **4 personnes**
Préparation **15 minutes**
Cuisson **10 à 15 minutes**

2 c. à s. d'**huile végétale**
1 grosse **carotte** grossièrement râpée
1 petit **oignon rouge** finement haché
1 gousse d'**ail** écrasée
1 c. à c. de **pâte de curry forte**
1 c. à c. de **concentré de tomate**
250 g de **tofu ferme** égoutté
25 g de **chapelure**
25 g de **cacahuètes non salées** finement hachées
sel et **poivre**

Pour servir
4 petits **pains à hamburgers**
3 **tomates** coupées en rondelles
feuilles de **salade**
pousses d'alfalfa
ketchup ou **chutney de tomate au piment**

Faites chauffer la moitié de l'huile dans une grande poêle antiadhésive. Faites revenir la carotte et l'oignon 3 ou 4 minutes. Ajoutez l'ail, la pâte de curry, le concentré de tomate, et faites sauter le tout 2 minutes à feu vif.

Mixez grossièrement le tofu avec le mélange aux légumes, la chapelure et les cacahuètes. Mettez la préparation dans un saladier. Salez, poivrez et remuez jusqu'à ce qu'elle se détache des parois du saladier.

Façonnez 4 galettes avec la préparation. Faites chauffer le reste de l'huile dans une grande poêle antiadhésive et faites dorer les galettes 3 ou 4 minutes de chaque côté. Ou faites-les griller : badigeonnez-les d'huile et faites-les cuire 3 minutes de chaque côté sous le gril chaud, jusqu'à ce qu'elles soient dorées. Égouttez-les sur du papier absorbant. Garnissez les petits pains avec des rondelles de tomate, des feuilles de salade et les galettes. Décorez de pousses d'alfalfa. Servez les hamburgers avec du ketchup et du chutney de tomate au piment.

Pour des hamburgers au fromage de chèvre et à la betterave, mélangez 125 g de betterave râpée crue et 250 g de fromage de chèvre frais avec la carotte râpée, la chapelure et les cacahuètes. Incorporez 4 cuillerées à soupe de persil ciselé. Façonnez des hamburgers comme ci-dessus et servez dans des petits pains, avec du ketchup.

lentilles braisées à la gremolata

Pour **4 personnes**
Préparation **5 minutes**
Cuisson **25 minutes**

50 g de **beurre**
1 **oignon** haché
2 branches de **céleri** émincées
2 **carottes** émincées
175 g de **lentilles du Puy** rincées
600 ml de **bouillon de légumes**
250 ml de **vin blanc sec**
2 feuilles de **laurier**
2 c. à s. de **thym** haché
3 c. à s. d'**huile d'olive**
325 g de **champignons de Paris** émincés
sel et **poivre**

Gremolata
2 c. à s. de **persil** ciselé
le **zeste** finement râpé de 1 **citron**
2 gousses d'**ail** hachées

Faites fondre le beurre dans une casserole et faites revenir l'oignon, le céleri et les carottes 3 minutes. Ajoutez les lentilles, le bouillon de légumes, le vin blanc, le laurier et le thym. Salez, poivrez et portez à ébullition. Laissez frémir 20 minutes à découvert, jusqu'à ce que les lentilles soient tendres.

Pendant ce temps, mélangez les ingrédients de la gremolata. Réservez.

Faites chauffer l'huile d'olive dans une poêle et faites dorer les champignons 2 minutes. Salez et poivrez.

Dressez les lentilles sur des assiettes de service. Garnissez de champignons et parsemez de gremolata.

Pour des champignons farcis aux lentilles et au jambon fumé, faites revenir l'oignon, le céleri et les carottes comme ci-dessus. Détaillez 2 tranches de jambon fumé de 125 g chacune en lanières et ajoutez-les dans la poêle. Poursuivez la cuisson 4 ou 5 minutes avant d'ajouter les lentilles, le bouillon de légumes et 250 ml de vin rouge. Ajoutez le laurier et le thym, salez, poivrez et laissez frémir comme ci-dessus. Faites chauffer 3 cuillerées à soupe d'huile dans une grande poêle et faites dorer 2 ou 3 minutes 4 gros champignons de Paris. Farcissez les champignons avec la préparation aux lentilles. Dressez-les sur des feuilles de salade et parsemez de gremolata.

courge à la sauce de haricots rouges

Pour **4 personnes**
Préparation **10 minutes**
Cuisson **15 minutes**

600 ml de **bouillon de légumes**
1 kg d'un **mélange de courges** (**butternut** et **poivrée** par exemple) coupées en morceaux et épépinées
125 g de **jeunes pousses d'épinard**
riz pour servir

Sauce
4 c. à s. d'**huile d'olive**
4 gousses d'**ail** émincées
1 **poivron rouge** évidé, épépiné et finement haché
2 **tomates** concassées
400 g de **haricots rouges** en boîte, égouttés et rincés
1 ou 2 c. à s. de **sauce de piment forte**
1 petite poignée de **feuilles de coriandre** ciselées
sel

Portez le bouillon de légumes à ébullition dans une grande casserole. Ajoutez les morceaux de courge et laissez frémir 15 minutes à couvert, jusqu'à ce qu'ils soient tout juste tendres.

Pendant ce temps, préparez la sauce. Faites chauffer l'huile d'olive dans une poêle, puis faites revenir l'ail et le poivron 5 minutes. Ajoutez les tomates, les haricots rouges et la sauce de piment. Salez et laissez frémir 5 minutes, puis réservez.

Égouttez les morceaux de courge, en réservant le bouillon, et remettez-les dans la casserole. Répartissez dessus les jeunes pousses d'épinard et faites-les cuire 1 minute à couvert.

Dressez les légumes sur le riz. Incorporez 8 cuillerées à soupe de bouillon réservé dans la sauce, avec la coriandre. Versez la sauce sur les légumes.

Pour des courges farcies aux haricots blancs, coupez 1 kg de petites courges en deux et épépinez-les. Badigeonnez-les d'huile d'olive, puis faites-les cuire 30 minutes dans le four préchauffé à 200 °C. Préparez la sauce comme ci-dessus. Rincez et égouttez 800 g de haricots blancs en boîte, puis ajoutez-les dans la sauce. Garnissez les moitiés de courge avec la préparation et parsemez de gruyère râpé. Enfournez à nouveau pour 15 minutes, jusqu'à ce que le dessus soit doré.

pitas aux falafels

Pour **4 personnes**
Préparation **10 minutes**
Cuisson **10 minutes**

400 g de **pois chiches** en boîte, égouttés et rincés
1 **oignon** grossièrement haché
3 gousses d'**ail** grossièrement hachées
2 c. à c. de **graines de cumin**
1 c. à c. de **piment doux en poudre**
2 c. à s. de **menthe** ciselée
3 c. à s. de **feuilles de coriandre** ciselées + un supplément pour servir
50 g de **chapelure**
huile pour la friture
sel et **poivre**

Pour servir
4 **pitas**
2 **cœurs de laitue** coupés en lanières
salade de concombre et yaourt à la menthe

Mixez les pois chiches avec l'oignon, l'ail, les épices, les herbes, la chapelure, du sel et du poivre pour obtenir une pâte grossière.

Façonnez des boulettes avec des cuillerées à soupe de cette préparation. Faites chauffer 1 cm d'huile dans une poêle. Faites frire la moitié des falafels 3 minutes, en les retournant, jusqu'à ce qu'ils soient dorés et croustillants. Égouttez-les sur du papier absorbant et gardez-les au chaud pendant la cuisson des autres falafels.

Pour servir, faites chauffer les pitas. Ouvrez-les pour les garnir de morceaux de laitue, de feuilles de coriandre, de falafels et de cuillerées de salade de concombre-yaourt à la menthe.

Pour des pitas au raïta, préparez les falafels comme ci-dessus. Remplissez des pitas chaudes avec les falafels, des oignons rouges émincés et des feuilles de coriandre. Préparez un raïta en mélangeant 150 ml de yaourt nature avec 1 cuillerée à café de menthe ciselée et ⅛ de concombre finement haché. Servez les pitas aux falafels avec le raïta.

desserts

scones à la crème fouettée

Pour **environ 10 scones**
Préparation **10 minutes**
Cuisson **10 minutes**

250 g de **farine**
½ c. à c. de **bicarbonate de soude**
1 pincée de **sel**
50 g de **beurre** froid coupé en dés
25 g de **sucre en poudre**
125 ml de **lait** environ + un peu pour la dorure

Pour servir
beurre ou **crème fouettée**
confiture

Tamisez la farine avec le bicarbonate de soude et le sel au-dessus d'un saladier. Incorporez le beurre du bout des doigts de manière à obtenir un sablage. Ajoutez le sucre en poudre et suffisamment de lait pour former une pâte souple.

Pétrissez la pâte sur un plan de travail fariné, puis étalez-la sur 2 cm d'épaisseur. Découpez des disques de 5 cm de diamètre. Mettez-les sur une plaque de cuisson farinée et badigeonnez-les de lait.

Faites cuire les scones 10 minutes dans le four préchauffé à 220 °C. Laissez-les refroidir sur une grille à pâtisserie. Servez les scones avec du beurre ou de la crème fouettée et de la confiture.

Pour des scones à la lavande, dans une casserole, portez à ébullition 125 ml de lait avec 2 ou 3 fleurs de lavande. Retirez aussitôt la casserole du feu et laissez refroidir. Préparez les scones comme ci-dessus, avec le lait à la lavande. Servez-les chauds, avec de la crème fouettée et de la confiture de mûres ou de myrtilles.

tarte à la banane et au caramel

Pour **6 personnes**
Préparation **15 minutes**
+ réfrigération
Cuisson **10 minutes**

Fond de tarte
250 g de **biscuits digestifs**
125 g de **beurre**

Garniture
125 g de **beurre**
125 g de **cassonade**
400 g de **lait concentré** non sucré
2 **bananes**
1 c. à s. de **jus de citron**
250 ml de **crème liquide**
25 g **de copeaux de chocolat**

Écrasez les biscuits dans un sac en plastique, à l'aide d'un rouleau à pâtisserie ou d'une bouteille de vin.

Faites fondre le beurre dans une casserole, puis mélangez les biscuits émiettés et le beurre fondu. Tapissez le fond et les parois d'un moule amovible de 20 cm de diamètre avec la préparation. Laissez reposer 1 heure au réfrigérateur.

Préparez la garniture. Faites chauffer le beurre et la cassonade dans une casserole, à feu doux. Dès que le beurre est fondu, incorporez le lait concentré et portez doucement à ébullition. Laissez frémir 5 minutes, sans cesser de remuer, jusqu'à ce que le mélange prenne la couleur du caramel. Versez-le sur le fond de tarte et laissez durcir 1 heure au réfrigérateur.

Coupez les bananes en rondelles et arrosez-les de jus de citron. Réservez ¼ des rondelles pour la décoration. Répartissez le reste sur la garniture.

Fouettez légèrement la crème liquide puis étalez-la sur les bananes. Décorez avec les rondelles de banane réservées et les copeaux de chocolat.

Pour une tarte à la banane, au caramel et au chocolat, préparez le fond de tarte avec 250 g de biscuits au chocolat et 125 g de beurre. Préparez la garniture comme ci-dessus. Faites fondre 50 g de chocolat amer, puis mélangez-le grossièrement avec la crème légèrement fouettée, à l'aide d'une cuillère en métal. Étalez la crème au chocolat sur les bananes. Décorez de copeaux de chocolat avant de servir.

moelleux aux canneberges

Pour **4 personnes**
Préparation **10 minutes**
Cuisson **25 minutes**

le **zeste** finement râpé et le **jus** de 1 **orange**
150 g de **canneberges** fraîches ou surgelées
100 g de **sucre en poudre**
2 c. à s. de **confiture de framboises**
100 g de **beurre** ramolli
100 g de **farine avec levure incorporée**
2 **œufs**
crème anglaise prête à l'emploi pour servir

Dans une casserole, faites chauffer le jus d'orange 5 minutes à feu moyen, avec les canneberges et 1 cuillerée à soupe de sucre en poudre. Égouttez les canneberges à l'aide d'une écumoire et répartissez-en la moitié dans 4 moules individuels de 200 ml.

Mélangez la confiture de framboises avec le reste des canneberges et laissez chauffer 1 minute. Réservez la sauce.

Mixez le reste du sucre avec le beurre, la farine, les œufs et le zeste d'orange. Versez la préparation dans les moules, en lissant la surface. Couvrez de feuilles d'aluminium, sans trop les serrer.

Faites cuire les gâteaux 20 minutes dans un cuit-vapeur ou dans le four préchauffé à 180 °C, jusqu'à ce qu'ils soient bien levés. Décollez les bords à l'aide d'un couteau pour les démouler sur des assiettes de service. Nappez-les de sauce aux canneberges et servez avec de la crème anglaise.

Pour des gâteaux aux deux chocolats, laissez de côté les canneberges. Préparez la pâte comme ci-dessus, en remplaçant le zeste d'orange par 15 g de cacao. Versez la pâte dans 4 moules individuels et enfoncez 2 carrés de chocolat amer dans chacun, en les recouvrant entièrement de pâte. Faites cuire comme ci-dessus et servez avec une sauce au chocolat blanc.

gâteau au chocolat sans cuisson

Pour **8 parts**
Préparation **15 minutes**
+ refroidissement
et réfrigération

125 g de **beurre** fondu
+ un peu pour le moule
300 g de **chocolat amer**
coupé en morceaux
2 c. à s. de **lait**
125 g de **biscuits digestifs**
légèrement écrasés
pastilles de chocolat blanc
pastilles de chocolat au lait

Graissez un moule rond d'environ 18 cm de diamètre. Faites fondre le chocolat au bain-marie, avec le lait, en remuant de temps à autre. Incorporez le beurre. Laissez la préparation refroidir hors du feu, sans qu'elle se solidifie.

Mélangez les biscuits émiettés avec les pastilles de chocolat blanc et au lait. Incorporez la préparation dans celle au chocolat fondu. Versez dans le moule et laissez durcir au moins 3 heures au réfrigérateur. Découpez le gâteau en parts avant de servir.

Pour un gâteau au chocolat et aux fruits, faites fondre le chocolat avec le lait comme ci-dessus. Hachez 50 g de cerises confites et 50 g d'abricots secs. Mélangez-les avec 125 g de raisins secs et 1 poignée de minimarshmallows coupés en petits morceaux. Incorporez le mélange dans le chocolat fondu. Écrasez légèrement les biscuits puis ajoutez-les dans la préparation. Laissez de côté les pastilles de chocolat. Remuez soigneusement, puis versez dans un moule carré graissé de 20 cm de côté et laissez durcir 1 heure au réfrigérateur. Démoulez sur une planche. Découpez en petits carrés pour servir avec le café, en plus grosses parts pour le dessert ou l'heure du thé.

abricots au mascarpone

Pour **4 personnes**
Préparation **5 minutes**
Cuisson **3 minutes**

2 morceaux de **gingembre confit au sirop** égouttés et finement hachés
2 c. à s. de **sirop de gingembre** du bocal
250 g de **mascarpone**
2 c. à c. de **jus de citron**
50 g de **beurre**
25 g de **cassonade**
400 g d'**abricots** coupés en deux
3 c. à s. d'**amaretto** ou de **cognac**

Mélangez les morceaux de gingembre confit avec le sirop, le mascarpone et le jus de citron.

Faites fondre le beurre dans une poêle et ajoutez la cassonade. Remuez pendant 1 minute pour dissoudre la cassonade. Ajoutez les abricots et faites-les revenir rapidement pour qu'ils se colorent. Parfumez avec l'amaretto ou le cognac.

Dressez le mélange au mascarpone sur des assiettes de service. Garnissez d'abricots, arrosez de sauce et servez le dessert chaud.

Pour des bananes sautées et crème à la vanille, fouettez 250 g de mascarpone avec ½ cuillerée à café d'extrait de vanille et 2 cuillerées à soupe de lait pour obtenir une crème lisse. Dressez-la dans un saladier de service. Faites fondre 50 g de beurre dans une poêle et incorporez 25 g de sucre en poudre. Coupez 4 bananes en deux et faites-les revenir dans le beurre comme ci-dessus, en parfumant éventuellement avec 3 cuillerées à soupe de cognac.

tiramisu express

Pour **4 à 6 personnes**
Préparation **15 minutes**
+ réfrigération

5 c. à s. de **café fort**
75 g de **cassonade**
4 c. à s. de **liqueur de café** ou 3 c. à s. de **cognac**
75 g de **biscuits à la cuillère** coupés en gros morceaux
400 g de **crème anglaise** prête à l'emploi
250 g de **mascarpone**
1 c. à c. d'**extrait de vanille**
75 g de **chocolat amer** coupé en petits morceaux
cacao pour décorer

Dans un saladier moyen, mélangez le café avec 2 cuillerées à soupe de cassonade et la liqueur de café ou le cognac. Plongez les biscuits à la cuillère dans ce mélange et rangez-les au fur et à mesure dans un plat de service, en égouttant l'excédent de liquide.

Fouettez la crème anglaise avec le mascarpone et l'extrait de vanille. Nappez les biscuits avec ⅓ de cette crème. Saupoudrez avec le reste de la cassonade et nappez avec la moitié du reste de la crème. Éparpillez dessus la moitié du chocolat en morceaux. Étalez le reste de la crème et ajoutez le reste du chocolat en morceaux.

Laissez durcir environ 1 heure au réfrigérateur. Saupoudrez le tiramisu de cacao avant de servir.

Pour un tiramisu aux framboises, mettez 125 g de framboises dans une casserole, avec 1 cuillerée à soupe de sucre en poudre et 2 cuillerées à soupe d'eau. Portez à ébullition, puis retirez du feu et écrasez les framboises avec une cuillère en bois. Passez la préparation à travers un chinois posé au-dessus d'un saladier pour obtenir un coulis. Préparez les autres ingrédients comme ci-dessus, en laissant de côté la liqueur de café. Nappez les biscuits à la cuillère avec le coulis puis couvrez de crème au mascarpone. Étalez dessus une couche de framboises fraîches. Saupoudrez de cacao avant de servir.

pancakes au citron et au caramel

Pour **2 personnes**
Préparation **6 minutes**
Cuisson **1 ou 2 minutes**

125 ml de **crème fraîche** + un supplément pour servir
40 g de **caramel dur** émietté
1 c. à c. de **zeste de citron** finement râpé
50 g de **zeste de citron confit** finement haché (facultatif)
80 ml de **lemon curd**
6 **pancakes** prêts à l'emploi, décongelés si surgelés
myrtilles pour servir

Dans un saladier, mélangez la crème fraîche avec le caramel émietté, le zeste de citron, le zeste de citron confit (si vous l'utilisez), ainsi que le lemon curd. Garnissez 1 pancake avec ¼ de cette crème au citron. Couvrez avec un deuxième pancake et ajoutez ¼ de la crème au citron. Terminez avec un troisième pancake. Procédez de même avec le reste des ingrédients.

Faites griller les pancakes au citron et au caramel 1 ou 2 minutes dans un gril sandwich, ou selon le mode d'emploi du fabricant. Le dessus et le dessous des desserts doit être grillé, et la crème au citron doit commencer à couler sur les côtés. Servez aussitôt, avec des myrtilles.

Pour des pancakes aux myrtilles et au miel, mélangez 200 ml de crème fraîche avec 1 cuillerée à café de zeste de citron finement râpé. Préparez les desserts comme ci-dessus. Garnissez 1 pancake de crème au citron et de myrtilles, puis arrosez de miel. Continuez à superposer ainsi les ingrédients en terminant avec 1 pancake. Arrosez de miel avant de servir.

crumbles aux pommes express

Pour **4 personnes**
Préparation **7 minutes**
Cuisson **15 minutes**

1 kg de **pommes à cuire** pelées, évidées et coupées en tranches épaisses
25 g de **beurre**
2 c. à s. de **sucre en poudre**
1 c. à s. de **jus de citron**
2 c. à s. d'**eau**
crème fraîche ou **glace** pour servir

Pâte à crumble
50 g de **beurre**
75 g de **chapelure de pain complet**
25 g de **graines de courge**
2 c. à s. de **cassonade**

Mettez les pommes dans une casserole, avec le beurre, le sucre, le jus de citron et l'eau. Faites pocher les pommes 8 à 10 minutes à feu doux, à couvert.

Préparez la pâte à crumble. Faites fondre le beurre dans une poêle et faites dorer la chapelure. Ajoutez les graines de courge et remuez pendant 1 minute. Incorporez la cassonade hors du feu.

Dressez la préparation aux pommes dans des coupelles. Garnissez de pâte à crumble et servez avec de la crème fraîche ou de la glace.

Pour des crumbles express aux poires et au chocolat, faites pocher 1 kg de poires dans le beurre, le sucre et l'eau comme ci-dessus, en ajoutant ½ cuillerée à café de gingembre en poudre. Préparez la pâte à crumble comme ci-dessus, en remplaçant les graines de courge par 50 g de chocolat coupé en morceaux. Faites cuire et servez comme ci-dessus.

mille-feuilles au chocolat

Pour **4 personnes**
Préparation **10 minutes**
+ refroidissement

600 g de **chocolat amer** fondu
200 g de **chocolat au lait** fondu
250 g de **mascarpone**
100 g de **framboises**
noix finement hachées pour décorer

Étalez une fine couche de chocolat amer fondu sur une feuille de papier sulfurisé. Versez dessus du chocolat au lait fondu, en formant les motifs de votre choix. Laissez durcir légèrement.

Découpez le chocolat en carrés de 7 cm de côté. Laissez-les se solidifier puis retirez le papier sulfurisé.

Superposez les carrés de chocolat en les garnissant de mascarpone et de framboises. Décorez le dernier carré de noix hachées.

Pour des mille-feuilles aux framboises, préparez les carrés de chocolat comme ci-dessus, en utilisant uniquement 800 g de chocolat blanc. Superposez les carrés de chocolat en les garnissant de crème fraîche et de framboises. Préparez un coulis avec 125 g de framboises et 1 cuillerée à café de sucre, en passant le mélange à travers un chinois. Arrosez les mille-feuilles de coulis avant de servir.

gâteau à la confiture de fraises

Pour **8 personnes**
Préparation **15 minutes**
Cuisson **20 à 25 minutes**

175 g de **beurre** à température ambiante + un peu pour les moules
175 g de **sucre en poudre**
3 **œufs**
1 c. à c. d'**extrait de vanille**
175 g de **farine avec levure incorporée**
1 c. à c. de **levure chimique**
3 c. à s. de **confiture de fraises**
sucre glace pour décorer

Dans un saladier, battez le beurre et le sucre à l'aide d'une cuillère en bois, jusqu'à obtention d'un mélange clair et crémeux. Incorporez progressivement les œufs, l'extrait de vanille et la farine, cuillerée par cuillerée, pour obtenir une pâte homogène.

Tamisez le reste de la farine et la levure chimique au-dessus du saladier, puis incorporez-les dans la pâte.

Versez la pâte dans 2 moules beurrés et chemisés de papier sulfurisé d'environ 18 cm de diamètre. Lissez la surface, puis faites cuire les gâteaux 20 minutes dans le four préchauffé à 180 °C, jusqu'à ce qu'ils soient moelleux au toucher. Laissez-les refroidir 5 minutes puis démoulez-les sur des grilles à pâtisserie. Retirez le papier sulfurisé et laissez refroidir complètement.

Retournez l'un des deux gâteaux sur un plat de service. Garnissez-le de confiture, puis couvrez-le avec le second gâteau. Saupoudrez de sucre glace tamisé et découpez en parts pour servir.

Pour un gâteau au café et aux noix, délayez 3 cuillerées à soupe de café soluble avec 2 cuillerées à soupe d'eau bouillante. Incorporez le mélange dans la pâte et faites cuire comme ci-dessus. Préparez une crème au café en mélangeant 250 g de sucre glace, 125 g de beurre ramolli et 1 cuillerée à café de café soluble délayée avec 1 cuillerée à café d'eau bouillante. Lorsque les 2 gâteaux ont refroidi, fourrez-les avec la crème au café. Répartissez 50 g de noix hachées sur le dessus. Saupoudrez de sucre glace.

poires pochées raisins-noisettes

Pour **4 personnes**
Préparation **5 minutes**
Cuisson **8 minutes**

50 g de **cassonade**
150 ml d'**eau**
25 g de **raisins secs**
½ c. à c. de **cannelle en poudre**
4 **poires bien mûres** pelées, coupées en deux et évidées
40 g de **beurre**
50 g de **flocons d'avoine**
25 g de **noisettes** grossièrement hachées
50 g de **chocolat amer** ou **au lait** coupé en morceaux
crème fouettée ou **yaourt à la grecque** pour servir (facultatif)

Mettez la moitié de la cassonade dans une poêle, avec l'eau, les raisins secs et la cannelle. Portez au point de frémissement, ajoutez les poires et faites-les pocher 5 minutes à feu doux, à découvert.

Faites fondre le beurre dans une autre poêle et faites revenir les flocons d'avoine 2 minutes. Ajoutez le reste de la cassonade et laissez dorer, toujours à feu doux.

Dressez les poires sur des assiettes de service. Incorporez les noisettes et le chocolat à la préparation aux flocons d'avoine. Dès que le chocolat commence à fondre, versez le mélange sur les poires. Garnissez éventuellement de crème fouettée ou de yaourt à la grecque.

Pour des oranges et flocons d'avoine au chocolat, taillez les extrémités de 4 oranges. Retirez le zeste et coupez les oranges en rondelles épaisses. Faites chauffer 25 g de beurre dans une poêle et faites revenir les rondelles d'orange avec la moitié de la cassonade. Laissez de côté l'eau, les raisins secs et la cannelle. Préparez le reste de la recette comme ci-dessus. Pour servir, garnissez les oranges chaudes de flocons d'avoine au chocolat, comme ci-dessus.

cookies aux pépites de chocolat

Pour **25 cookies**
Préparation **10 minutes**
Cuisson **15 à 20 minutes**

125 g de **beurre** ramolli
+ un peu pour la plaque
50 g de **cassonade**
1 **œuf** battu
150 g de **farine avec levure incorporée**
125 g de **chocolat amer** coupé en petits morceaux

Beurrez une plaque de cuisson.

Dans un saladier, battez le beurre et la cassonade à l'aide d'une cuillère en bois, jusqu'à obtention d'un mélange léger et aéré. Incorporez l'œuf, puis la farine. Ajoutez les morceaux de chocolat et remuez soigneusement.

Déposez 25 cuillerées à café de pâte sur la plaque de cuisson, en les espaçant. Faites cuire les cookies 15 à 20 minutes dans le four préchauffé à 180 °C, jusqu'à ce qu'ils soient dorés.

Sortez-les du four et laissez-les refroidir 1 minute sur la plaque de cuisson. Posez-les sur une grille à pâtisserie pour les laisser refroidir complètement.

Pour des cookies aux flocons d'avoine et aux raisins secs, mélangez le beurre et la cassonade comme ci-dessus. Incorporez l'œuf et la farine, en remplaçant 25 g de farine avec levure incorporée par 25 g de flocons d'avoine. Ajoutez 1 cuillerée à café d'un mélange d'épices. Remplacez le chocolat par 125 g de raisins secs bien juteux. Façonnez les cookies et faites-les cuire comme ci-dessus. Dégustez les cookies lorsqu'ils sont encore chauds.

biscuits aux noisettes

Pour **20 biscuits**
Préparation **10 minutes**
Cuisson **15 minutes**

50 g de **noisettes** mondées
125 g de **beurre** ramolli
+ un peu pour la plaque
50 g de **sucre en poudre**
150 g de **farine**

Mixez finement les noisettes dans un robot, puis faites-les dorer à feu doux dans une poêle, à sec. Laissez-les refroidir dans un saladier, en remuant.

Mixez le beurre avec le sucre en poudre jusqu'à obtention d'un mélange crémeux. Ajoutez la farine ainsi que les noisettes et continuez à mixer pour obtenir une pâte homogène.

Façonnez des boulettes de la taille d'une noix avec la pâte, puis aplatissez-les. Posez-les sur une plaque de cuisson beurrée. Faites cuire les biscuits 12 minutes dans le four préchauffé à 190 °C, jusqu'à ce qu'ils soient dorés. Laissez-les refroidir sur une grille à pâtisserie.

Pour des biscuits fourrés au chocolat et à la noisette, préparez 20 petits biscuits comme ci-dessus et laissez-les refroidir. Assemblez-les par 2 en les fourrant avec 1 cuillerée à café de pâte à tartiner au chocolat et à la noisette. Saupoudrez-les de cacao avant de servir.

sandwichs de panettone à l'ananas

Pour **2 personnes**
Préparation **4 minutes**
Cuisson **2 ou 3 minutes**

4 tranches d'**ananas** en boîte, égouttées
4 tranches de **panettone**
15 g de **guimauve** coupée en menus morceaux
40 g de **noix** ou de **noisettes** concassées
2 c. à s. de **sucre vanillé**
sucre glace tamisé pour décorer

Essuyez les tranches d'ananas avec du papier absorbant et posez-les sur 2 tranches de panettone. Garnissez de guimauve et de noix ou de noisettes. Saupoudrez de sucre vanillé et couvrez avec les 2 autres tranches de panettone.

Faites griller les sandwichs 2 ou 3 minutes dans un gril sandwich, ou selon le mode d'emploi du fabricant, jusqu'à ce que le panettone soit doré et que la guimauve commence à fondre. Découpez les sandwichs en petits rectangles et saupoudrez-les de sucre glace avant de servir.

Pour de la brioche aux abricots et au gingembre, faites griller légèrement un côté de 4 tranches de brioche. Égouttez 400 g d'oreillons d'abricot en boîte et disposez-les sur le côté non grillé de 2 tranches de brioche. Posez les tranches garnies dans une poêle-gril. Répartissez dessus 40 g de noix ou de noisettes concassées et 1 morceau de gingembre finement haché. Saupoudrez de sucre glace et couvrez avec les autres tranches de brioche, côté non grillé vers le haut. Faites griller 2 ou 3 minutes et servez comme ci-dessus.

pudding au chocolat

Pour **4 à 6 personnes**
Préparation **15 minutes**
Cuisson **15 minutes**

75 g de **beurre** à température ambiante + un peu pour le moule
75 g de **cassonade**
3 **œufs**
65 g de **farine avec levure incorporée**
3 c. à s. de **cacao**
½ c. à c. de **levure chimique**
sucre glace pour décorer
glace ou **crème liquide** pour servir

Sauce
2 c. à s. de **cacao**
50 g de **cassonade**
250 ml d'**eau bouillante**

Beurrez le fond et les parois d'un moule à gratin, puis posez-le sur une plaque de cuisson. Mettez le beurre, la cassonade et les œufs dans un grand saladier. Tamisez la farine, le cacao et la levure au-dessus du saladier. Mélangez à l'aide d'une cuillère en bois pour obtenir une pâte homogène. Versez la pâte dans le moule et lissez la surface.

Pour préparer la sauce, mélangez le cacao, la cassonade et un peu d'eau bouillante dans un petit saladier. Ajoutez progressivement le reste de l'eau. Versez la sauce au cacao sur la pâte.

Faites cuire le pudding 15 minutes dans le four préchauffé à 180 °C, jusqu'à ce que la sauce tombe au fond du plat et que le pudding soit bien levé. Saupoudrez de sucre glace et servez avec de la glace à la vanille ou un peu de crème fraîche liquide.

Pour des petits puddings avec crème à l'orange, préparez la pâte et la sauce comme ci-dessus, puis répartissez-les dans 4 ramequins beurrés. Faites cuire les puddings 10 à 12 minutes comme ci-dessus, jusqu'à ce qu'ils soient bien levés. Mélangez de la crème fouettée avec un peu de zeste d'orange finement râpé. Servez les puddings chauds, avec 1 cuillerée de crème à l'orange.

sabayon

Pour **4 à 6 personnes**
Préparation **5 minutes**
Cuisson **5 minutes**

4 **jaunes d'œufs**
4 c. à s. de **sucre en poudre**
100 ml de **vin blanc doux**
2 c. à s. d'**eau**
sablés fins pour servir

Mettez tous les ingrédients dans un saladier résistant à la chaleur posé sur une casserole d'eau frémissante, en veillant à ce que le fond du saladier ne soit pas en contact avec l'eau.

Fouettez le mélange pendant 5 minutes à l'aide d'un batteur électrique ou d'un fouet, jusqu'à ce qu'il devienne épais et mousseux.

Retirez le saladier du bain-marie et continuez à fouetter pendant 2 minutes. Versez le sabayon dans des verres et servez aussitôt, avec des sablés fins (le sabayon s'affaisse au repos).

Pour du zabaglione, dessert typiquement italien, procédez comme ci-dessus, mais en remplaçant le vin blanc doux par du marsala. Servez le zabaglione dans des verres, accompagné de biscottis.

annexe

table des recettes

apéros & entrées

pâtes, riz & nouilles

plats uniques

viandes & volailles

poissons & fruits de mer

recettes végétariennes

desserts

Découvrez toute la collection :

entre amis

200 recettes autour du **barbecue**

À chacun sa petite **cocotte**

Apéros

Brunchs et petits dîners pour **toi & moi**

Chocolat

Cocktails glamour & chic

Cupcakes colorés à croquer

Desserts trop bons

Macarons et tout petits gâteaux

Verrines

cuisine du monde

200 bons petits plats **italiens**

Curry

Pastillas, couscous, **tajines**

Spécial thaï

Wok le tour du monde des recettes

Petits plats **asiatiques**

200 recettes comme à **New York**

tous les jours

200 plats pour changer du quotidien

200 recettes pour **étudiants**

À table en moins de **20 minutes**

Cuisine du marché à moins de **5 euros**

Les 200 plats préférés des **enfants**

Mon pain

Pasta

Pâtisserie facile

Petits **gâteaux**

Préparer et cuisiner **à l'avance**

Recettes **faciles**

Recettes pour **bébé**

Risotto et autres façons de cuisiner le riz

Spécial **Débutants**

Spécial **Poulet**

Tartes mini ou family

200 recettes familiales **vite prêtes**

bien-être

5 fruits & **légumes** par jour

21 menus minceur pour **perdre du poids**

21 menus minceur pour **garder la ligne**

200 recettes **équilibrées** pour toute la famille

200 recettes vitaminées au **mijoteur**

Quinoa, boulgour lentilles & Cie

Papillotes, la cuisine vapeur qui a du goût

Poissons & crustacés faciles

Recettes **vapeur**

Salades

Smoothies et petits jus frais & sains

Petite bible de la cuisine **sans gluten**

Soupes pour tous les goûts

Pâtisseries & desserts **à la stévia**

SIMPLE
PRATIQUE
BON

POUR CHAQUE RECETTE, UNE VARIANTE EST PROPOSÉE.

MARABOUT
LES PETITS COSTAUDS CÔTÉ CUISINE